지구의 편지

IVP(InterVarsity Press)는
캠퍼스와 세상 속의 하나님 나라 운동을 지향하는
IVF(InterVarsity Christian Fellowship)의 출판부로
생각하는 그리스도인을 위한 문서 운동을 실천합니다.
—
(재)한빛누리(The Bright Foundation)는
기독변혁단체가 자신의 소명을 온전히 감당하고,
교회가 하나님 나라 복음에 기초해 변혁하는 공동체로 설 수 있도록 돕습니다.
이를 위해 공익 기금, 민족 화해, 생태 회복, 함께 살기, 기독 출판 등
시대가 요구하는 다양한 변혁 사업을 개척·육성·지원하여
교회와 연결하는 사역을 펼쳐 나가고 있습니다.

이 책은 2024 창조세계 돌봄 국제포럼(Global Creation Care Forum)에서
발표한 자료를 재구성한 것으로, 모든 저작권은 각 발표자에게 있으며,
한국어판 저작권은 (재)한빛누리를 통하여 독점 계약한 IVP Korea에 있습니다.
—
이 책은 IVP와 (재)한빛누리가 함께 만들었습니다.

지구의 편지

한빛누리
생태회복팀 엮음
·
노종문 옮김

하나님처럼 우리를 아껴 주세요

IVP

| 차례 |

여는 글　　창조세계를 돌보는 친구들과 함께 • 정지혜　　6
예배에 앞서　창조세계 돌봄 911 • 데이브 부클리스　　10

1주 예배_애통하는 마음으로

Creation　제 목소리가 들리나요
　　　　　• 루스 파디야 드보스트　　39
Care　　쓰레기로 덮인 계곡
　　　　　• 과테말라+베니타 시몬　　47
　　　　"그러니까 말합시다"
　　　　　• 콜롬비아+훌리아나 모리요　　56
Reply　　66

2주 예배_창조세계와 손잡고

Creation　미친 백인 농부
　　　　　• 토니 리나우도　　75
Care　　충분함과 과도함의 경계는?
　　　　　• 코스타리카+루스 파디야 드보스트　　96
　　　　지속 가능한 유일한 해결책
　　　　　• 캄보디아+한정민　　104
Reply　　116

| 예배를 마치고 | 지구의 내일을 당신에게 • 캐서린 헤이호 | 209 |
| 추신 | 제자의 청렴 • 김형국 | 296 |

3주 예배_하나로 연결하며

Creation	지구를 보살필 의사는 부족하다	
	• 마르쿠스, 에드가, 로라-리	125
Care	우리 지역 탄소는 우리 손으로	
	• 탄자니아·네팔 + 캐롤라인 포메로이	140
	심장은 뜨겁게 머리는 차갑게	
	• 가나 + 세스 아피야-쿠비	153
Reply		160

4주 예배_새로운 눈을 열고

Creation	하나님의 그물망	
	• 마리아 안드라데	167
Care	"자선이 아니라 우리의 의무입니다"	
	• 파나마 + 호카베드 솔라노	185
	모두를 아우는 더 풍성한 삶	
	• 대한민국 + 유권신	197
Reply		204

부록	창조세계 돌봄 네트워크의 탄생과 역사	246
	로잔 창조세계 돌봄 선언문	268
	기독교 창조세계 돌봄 기관	285
	창조세계를 돌보는 친구들	289

여는 글_창조세계를 돌보는 친구들과 함께

> "예수님이 온 세상의 주主시라면, 우리는 그리스도와 우리의 관계를 우리가 이 땅과의 관계에서 행하는 방식과 분리할 수 없다. 그리스도의 주되심은 모든 창조세계를 포함하므로 "예수는 주시다"라는 복음 선포에는 이 땅도 포함된다. 그렇기 때문에 '창조세계를 돌보는 일Creation Care'은 그리스도의 주되심과 관련된, 복음 실천의 문제다."―『케이프타운 서약』(I-7-A)

케이프타운 서약이 '창조세계 돌봄Creation Care'을 복음 실천의 영역으로 공식 인정하면서 이 용어는 세계 기독교계에서 기독교 신앙과 환경 보호를 연결하는 개념으로 널리 쓰이고 있습니다. 성경의 창조 신앙에 기반해, 하나님이 창조하신 세상을 인간이 착취하지 않고 책임 있게 관리하고 보호해야 한다는 신학적 관점을 담고 있습니다.

저 또한 어렸던 이원론적 신앙을 버리고 하나님과 나 자신과 이웃과 세상과의 관계를 성경적으로 바르게 세워 가려고 애쓰는 중에 이 개념을 접했습니다. 우리가 살고 있는 창조세계의 아픔과 그 안에서 고통받는 이들의 불평등을 깨닫고는 하나님 나라 백성의 삶의 방식이 무엇인지 깊이 고민하게 되었습니다. 제 고민을 가족들과 나누고 소비 패턴을 바꿔 보고 교회 친구들과 창조세계를 돌보는 '데일리 챌린지'를 진행하며 우리가 할 수 있는 것을 하나둘 실행해 가고 있습니다. 하지만 소비주의로 가득한 세상은 거대한 바위 같아서 우리가 아무리 애를 써도 멸망의 길로 달려가는 속도는 별반 늦추어지지 않는 듯 보였습니다.

어떻게 하면 온 세상 주인이신 예수님의 빛을 비춰 모든 인간이 그 어리석음을 돌이켜 회개할 수 있을까요? 깊은 시름 속에서 기도하던 중에 하나님이 말씀으로 응답하셨습니다. "땅에 있는 성도들은 존귀한 자들이니 나의 모든 즐거움이 그들에게 있도다"(시편 16:3). 그렇게 작년 9월 말, 정말 무더웠던 여름이 끝나고 드디어 서늘한 바람과 가을비가 찾아온 날, 저는 주님이 소개해 주신 '존귀한 성도들'을 만나게 되었습니다.

전 세계에 흩어져 창조세계를 돌보기 위해 애쓰는 신학자, 과학자, 활동가, 선교사, 목회자, 성도 100여 명이 제4차 로잔대회가 끝난 직후, 곤지암 소망수양관에 모여 4박 5일간 '창조세계 돌봄 국제포럼Global Creation Care Forum'을 열었고, 저는 감사하게도 '존귀한 성도들' 안에 충만한 하나님의 즐거움을 누리고 제 마음 가득 담을 수 있었습니다. 이들과 함께 드린 4일간의 예배는 하나님 나라의 사랑과 평화가 가득한 애찬과 같았습니다. 그리고 이들이 짧게는 몇 년에서 길게는 수십 년에 걸쳐 다양하게 섬겨 온 사역의 여정을 나눌 때, 저는 놀라운 위로와 격려를 받았습니다. 저는 창조세계의 주인이 우리 모두의 아버지이며, 저의 빈약한 삶의 조각뿐 아니라 성도 공동체 전체 안에서도 여전히 놀라운 일들을 하고 계심을 인정하지 않을 수 없었습니다. 그리고 우리가 각자 삶의 자리에서 그분을 위해 일할 때만큼이나 함께 모여 그분을 예배할 때 그분이 기뻐하시는지도 깨달았습니다. 충만한 예배와 풍성한 나눔 가운데 우리는 서로 위로하고 격려하고 함께 기도했습니다.

그 4일간의 깊은 예배와 교제를 우리 삶의 자리로 가져오려고 4주간의 예배로 재구성해 이 책에 담았습니다. 먼저, "Creation: 창조세계 이야기"에는 설교를 담았습니다. 설교자들은 뛰어난 신학자이자 목회자일 뿐 아니라 자신이 뿌리내린 곳에서 활발하게 활동하고 있습니다. "Care: 돌봄 이야기"에는 자신이 속한 지역에서 창조세계를 돌보는 활동가와 선교사들의 사례를 담았습니다. 하나님 나라 회복을 위해 각 지역에 적합한 지혜를 구하며 최선을 다하는 이들의 이야기는 예배와 이어져 깊은 묵상과 실제적인 실천을 우리 삶에서 끌어내리라 기대합니다. 그렇게 해서 마지막 "Reply: 우리 이야기"에서는 앞선 설교와 사례를 기반으로 우리 주변에서 할 수 있는 일들이 구체적으로 떠오르면 좋겠습니다. 그 실천으로 독자들이 지구의 편지에 답장하면 더할 나위가 없을 듯합니다. 4주간의 예배 앞뒤로는 창조세계 돌봄 분야에서 널리 알려진 신학자와 과학자의 글을 실었습니다. 복음 Text이 말하는 창조세계 돌봄이 무엇인지를 충분히 이해하고, 우리가 지금 처한 상황 Context을 통해서도 하나님의 계시를 읽어 낼 수 있도록 돕고자 합니다. 지금 이 순간에도 창조세계를 돌보는 이들과 함께하는 하나님의 충만함과 풍성함이 이 책을 통해 여러분의 삶에도 그대로 부어지기를 바랍니다. 그래서 창조세계를 돌보는 여러분의 발걸음에 더 힘이 실리고, 또 그만큼 담대하고 평안하기를 응원합니다.

저는 '창조세계 돌봄 국제포럼'을 통해 전 세계 친구들을 만나며 큰 도전과 격려를 받았습니다. 그들의 성공과 실패, 기쁨과 눈물이 저를 껴안아 주었습니다. 그리고 창조세계 돌봄 사역에 관심을 두고 헌신하는 한국의 친구들도 만나서 너무나 기뻤습니다. 아무리 작은 발걸음이라도 우리는 혼자가 아니며, 머리 되신 예수님 안에서 지체로 이어져 있습니다. 우리가 이러한 수고를 마다하지 않는 이유는 오직 온 세상의 주인 되신 그리스도 때문입니다. 함께 우리의 주권자를 예배합시다. 공동체와 함께, 또는 홀로 앉은 자리에서 이 책의 '존귀한 성도들'과 함께 예배합시다. 그 예배 가운데 우리가 바라는 예수님과 그 지혜와 능력과 사랑과 소망이 우리에게로 흐르고, 우리를 통해 온 창조세계로도 흘러갈 것입니다.

창조세계를 돌보는 친구들을 대신하여
(재)한빛누리 생태회복팀 | 정지혜

예배에 앞서

🌿 이 장에서는 성경이 말하는 창조세계 돌봄이 무엇인지에 귀 기울여 봅시다. 여러분이 4주간 예배의 여정을 시작하기 전에 마음에 새겨야 할 이정표이기도 합니다. 그 중요한 내용을 전해 주실 분은 데이브 부클리스 박사입니다. 국제환경보전단체 아로샤A Rocha의 신학 디렉터이자 로잔운동 창조세계 돌봄 이슈 그룹의 글로벌 촉진자로서, 복음이 말하는 창조세계 돌봄이 무엇인지에 관해 탁월한 해석을 들려줍니다. 그는 우리에게 필요한 것이 인간 중심 관점도, 생태 중심 관점도 아니라고 통찰합니다. 그렇다면 우리에게 필요한 관점은 무엇일까요? 그리고 복음인 것과 복음이 아닌 것은 무엇일까요? 두 가지를 구분하는 시각이 왜 중요한지도 자세히 들려줍니다. 자, 그러면 이제 시작해 볼까요.

🎙 **데이브 부클리스**

창조세계 돌봄 911

저는 창조세계 돌봄의 신학을 말씀 드릴까 합니다. 제목은 "창조세계 돌봄 911"입니다. 아시다시피 911은 여러 나라에서 긴급 구조 전화번호로 사용하는 숫자입니다. 우리는 긴급한 상황을 직면하고 있습니다. 오늘 아침 뉴스에서만 해도 미국의 허리케인과 세계 다른 지역들에서 일어난 홍수 소식을 볼 수 있었습니다. 그 외에도 가뭄이나 산불 등 전 세계에서 수많은 극단의 기상 현상이 발생하고 있습니다. 그리고 그런 일들이 인간 공동체에 영향을 끼쳐서 수백 년 동안 같은 방식으로 농사를 지어 왔던 곳에서 더는 농사를 지을 수 없게 되는 상황이 벌어지고 있습니다. 사람들은 땅에서 쫓겨나고 있습니다. 전 세계적으로 사람들이 이주하는 가장 큰 원인은 환경 문제와 그로 인해 발생하는 혼란입니다. 그래서 우리는 거대하고 긴급한 상황 앞에 서 있습니다.

여기서 중요한 질문은 "우리가 창조세계에 왜 관심을 가져야 하는가?"입니다. 복음주의 세계 곳곳에서 이 문제에 관한 신학 논쟁은 아직도 끝나지 않았습니다. 어느 곳의 상황은 다른 곳보다 더 심각합니다. 성경을 지구를 떠나기 전에 할 일을 알려 주는 지침서 정도로 생각하는 사람들이 있습니다. 그런 사람들은 우리에게 주어진 임무가 영혼 구원이라고 믿지만, 그것은 성경에 나오는 말이 아닙니다. 성경 어디에도, 단 한 번도 나오지 않습니다. 여러 교회가 우리의 사명을 몸과 분리된 영혼을 구원하는 것이며, 그 영혼들은 어느 날 몸과 상관없는 하늘나라로 올라가 사라지게 될 것이라고 말합니다. 정말로 그것이 성경이 가르치는 내용입니까? 정말로 그것이 기독교 신앙일까요? 이제 저는 다섯 가지 매우 기본적인 질문을 다루고자 합니다. 복음이란 무엇인가? 성경의 큰 이야기는 무엇인가? 선교란 무엇인가? 제자도란 무엇인가? 예배란 무엇인가? 우리는 이 질문들을 살펴보면서 창조세계를 돌보는 일을 숙고해야 합니다.

복음이란 무엇인가

처음으로 생각해 볼 질문은 "복음이란 무엇인가"입니다. 아마도 여러분은 이미 들어 보셨겠지만, 14년 전 발표한 『케이프타운 서약』은 "창조세계를 돌보는 일은 그리스도의 주되심과 관련된, 복음 실천의 문제다"라고 명시하고 있습니다(7.A). 그런데 이 문구는 약간 논란이 되었던 문구입니다. 어떤 사람들은 케이프타운 서약이 너무 지나치게 나갔다고 말하고, 심지어 그러한 주장이 로잔언약과 모순된다고도 말합니다. 그 이유는 케이프타운 서약이 창조세계 돌봄을 복음의 일부라고 명시한다고 생각하기 때문입니다. 그래서 저는 여러분 각자가 스스로 그 질문에 대해 생각해 보기를 바랍니다. 창조세계 돌봄은 복음의 일부입니까? 어떤 사람이 여러분에게 와서 창조세계 돌봄이 복음의 일부냐고 묻는다면 무엇이라고 말하겠습니까? 그렇다고 말하겠습니까? 아니라고 말하겠습니까?

물론 핵심 질문은 "복음이란 무엇인가"입니다. 엘리베이터에 타고 3층까지 올라갈 시간 동안 이 질문에 답해야 한다고 상상해 보십시오. 그리고 그 답을 한 문장으로 표현해 보십시오. 저는 두 가지 문구를 제시하고자 합니다. 첫째로, 복음은 '그리스도 안에 있는' 하나님의 좋은 소식입니다. 우리가 복음에 관해 말하면서 예수님을 언급하지 않는다면 무언가가 심하게 잘못된 것입니다. 그리고 예수님 자신이 복음에 대해 말씀하셨을 때 여러 번 반복하신 말이 있습니다. 그것은 '하나님 나라의 복음'이라는 문구입니다. 2024 제4차 로잔대회 기간 중 어떤 분이 제게 와서 창조세계 돌봄이 대회의 의제로 올라온 것 자체에 크게 분노한다면서 저에게 "바울은 이렇게 말했습니다. 바울은 저렇게 말했습니다"라고 했습니다. 그래서 저는 질문했습니다. "예수님은 복음을 어떻게 정의하셨습니까?" 그는 "아 그것은 신경 쓰지 마세요"라고 했습니다. 저는 "뭐라고요? 예수님에 대해서는 신경 쓰지 말라고요? 바울이 더 중요하다고요?"라고 답했습니다.

그래서 저는 바울을 살펴보았고, 2024 로잔대회의 성경 공부 본문인 사도행전도 자세히 읽어 보았습니다. 사도행전은 하나님 나라에 관한 말로 시작하고 끝납니다. 사도행전의 바로 첫 부분에서 예수님이 승천하시기 전에 하나님 나라에 대해 말씀하시는 것을 볼 수 있습니다. 그리고 사도행전의 가장 마지막에는 바울이 로마 감옥에서 하나님 나라의 복음을 전파했다는 내용이 담겨 있습니다. 예수님이 전하신 복음과 바울이 전한 복음은 전혀 차이가 없었습니다. 그 복음은 하나님 나라 복음이었습니다. 바울은 복음을 여러 청중에 맞추어 상황화했지만, 동일한 복음이었습니다. 그것은 모든 영역에 나타나는 하나님의 통치입니다.

저는 여러분이 놀라실 수도 있는 말을 하고자 합니다. 창조세계 돌봄은 복음의 일부가 아닙니다. 그러나 창조는 복음의 일부입니다. 복음은 하나님의 일하심에 관한 것입니다. 그에 비해 창조세계 돌봄은 하나님의 일하심에 대한 우리의 반응입니다. 이 점이 중요합니다. 창조세계 돌봄 신학을 지역 교회와 로잔운동이 받아들일 수 있도록 설득할 때, 이 점을 바르게 정립하는 것이 중요합니다.

복음은 전적으로 하나님의 일입니다. 우리는 스스로를 구원할 수 없습니다. 우리뿐만 아니라 창조세계 또한 우리에 의해 구원을 받는 것이 아니라, 오직 예수님이 행하셨고, 지금도 행하시며, 장차 행하실 일로 인해 구원을 받습니다. 따라서 복음은 전적으로 하나님의 일입니다. 창조세계 돌봄은 예수님이 행하신 일에 대한 반응으로서 우리가 하는 일입니다. 따라서 "창조세계를 돌보는 일이 복음 실천의 문제"라고 말한 케이프타운 서약은 전적으로 옳습니다. 그러나 우리는 창조세계 돌봄이 복음의 일부라고 말해서는 안 됩니다. 우리는 그것을 복음에 대한 우리 응답의 일부라고 말해야 합니다. 이와 마찬가지로, 복음 전도 또한 복음의 일부가 아닙니다. 복음 전도는 복음, 곧 예수님 안에서 이루어진 하나님의 좋은 소식, 하나님 나라의 좋은 소식에 대한 우리의 반응입니다. 우리의 이웃을 돌보는 일도 복음의 일부가 아닙니다. 복음에 대한 우리 반응의 일부입니다. 그것은 우리가 행하는 일입니다. 복음은 하나님이 행하시는 일입니다. 이 점을 명확하게 하는 것이 중요합니다. 약간 기술적인 구분처럼 느껴질 수도 있지만 그 이상의 의미가 있음을 기억해 주십시오. 특히 신학을 조금이라도 공부한 사람들과 대화할 때 이 점을 구분하는 것은 아주 중요합니다.

그렇다면 복음이란 무엇일까요? 제가 좋아하는 성경 말씀 두 군데를 소개해 드리겠습니다. 하나는 구약성경의 노아 이야기이고, 다른 하나는 요한복음 3장 16-17절입니다. 제가 창조세계 돌봄에 대해 관심을 가지기 전까지는, 이 말씀들이 창조세계를 위한 하나님의 좋은 소식과 무슨 관련이 있는지 인식하지 못했습니다. 그러나 단지 성경이 나와 예수님에 관한 이야기를 넘어서 하나님이 창조하신 만유 안에서 행하고자 하시는 일에 관한 이야기라고 생각하기 시작하면, 성경 이야기는 살아 움직이기 시작합니다. 무엇보다도 노아 이야기를 읽으며 두 가지 질문을 던져 보십시오. "누가 구원받는가?" "하나님은 누구와 언약을 맺으시는가?" 두 경우 모두 구원 대상은 사람만이 아닙니다. 누가 구원받습니까? 아주 소수의 사람입니다. 사람의 경우 부부 네 쌍만 구원을 받습니다. 반면, 대부분의 동물과 새와 다른 피조물은 일곱 쌍이 구원을 받고, 심지어 부정한 피조물도 한 쌍씩 구원을 받습니다. 따라서 하나님은 창세기부터 이미 생물다양성 보존에 특별한 관심을 가지고 계십니다. 그리고 하나님은 누구와 언약을 맺으셨습니까? 이스라엘, 노아, 아브라함, 모세와 언약을 맺으셨지만, 창세기 9장 9-17절에서는 반복해서 땅 위의 모든 살아 있는 피조물과도 언약을 맺으신다고 말합니다. 심지어 한 구절에서는 땅과도 언약을 맺으셨다고 말합니다(창세기 9:13; 개역개정은 "세상"으로 번역함—역주). 하나님은 창조 세계와 언약을 맺으셨는데, 그것은 구원하시는 관계, 친밀함과 보살핌의 관계, 상호성의 관계를 맺으신 언약이었습니다. 이러한 복음의 범위는 우리의 생각을 크게 확장해 줍니다.

  요한복음 3장 16-17절은 간략하게 언급하겠습니다. "하나님께서 세상을 이처럼 사랑하셔서 외아들을 주셨으니…하나님께서 아들을 세상에 보내신 것은, 세상을 심판하시려는 것이 아니라, 아들을 통하여 세상을 구원하시려는 것이다." 이 구절에 나오는 하나님의 사랑의 대상은 사람이 아니라 세상, 곧 창조세계입니다.

성경의 큰 이야기

저는 저의 책『세상을 변화시키는 길Making a World of Difference』에서 성경의 큰 이야기를 일목요연하게 설명하기 위해 하나님의 다섯 차례 주도적 개입을 다음과 같이 제시했습니다.

- **창조**Creation: 하나님이 세상을 선하게 창조하시고 모든 피조물을 통해 하나님의 창의력, 권능, 목적을 드러내심.

- **언약**Covenant: 인간의 죄와 타락에도 불구하고 하나님은 노아, 아브라함, 이스라엘과 같은 인물들과 언약을 맺으시고, 인간뿐 아니라 모든 피조물, 땅과도 구원의 관계를 맺으심.

- **예수 그리스도**Jesus Christ: 하나님이 아들을 보내셔서 세상과 인간 모두를 구속하고, 관계를 회복시키며, 창조세계를 새롭게 하실 약속을 주심.

- **교회**Church: 오순절에 성령을 보내셔서 그리스도의 몸 된 교회를 세우시고, 창조세계를 돌보고 하나님의 말씀을 세상에 증거하게 하심.

- **재림과 완성**Return and Completion: 예수님이 다시 오셔서 심판자이자 구원자로 모든 것을 완성하시며, 새 하늘과 새 땅에서 창조세계를 새롭게 하심.

이 다섯 항목은 창세기부터 요한계시록에 이르는 성경의 드라마 속에서 하나님의 위대한 개입이 어떻게 이루어졌는지를 보여 줍니다. 하나님은 성경이 전하는 큰 이야기의 중요한 지점에서 주도적으로 개입하시고 전환점을 만들어 내십니다. 또한 우리는 모든 항목에 피조물과 창조세계가 등장하는 것을 볼 수 있습니다. 이 틀 안에서도 창조는 복음의 일부이지만 창조세계 돌봄은 복음의 일부가 아닙니다. 그러나 창조세계는 하나님의 다섯 차례 주도적 개입 때마다 중요한 위치를 차지합니다. 그러므로 어떤 사람이 창조세계 돌봄이 오로지 창세기에만 나오는 것이라고 말하거나 여기저기 흩어진 성경 구절에만 근거한다고 주장한다면, 이 주제는 성경 전체의 큰 이야기에 항상 등장한다고 말해 줄 수 있습니다.

하나님의 첫 번째 개입인 창조에서, 하나님은 만드신 모든 것을 보고 좋아하셨습니다. 그래서 "좋았다"라는 말이 여러 번 반복되고(창세기 1:4, 10, 12, 18, 21, 25), 마지막에는 "참 좋았다"(창세기 1:31)라는 말이 나옵니다. 혹시 여러분이 어떤 설교에서 "좋았다"와 "참 좋았다"의 차이가 인간의 창조 때문이라는 말을 들었다면, 그것은 좋지 않은 주해입니다. 성경 본문을 다시 한번 보십시오. "하나님이 손수 만드신 모든 것을 보시니, 보시기에 참 좋았다…"(창세기 1:31). 무엇을 보시고 참 좋았다고 하셨습니까? 그것은 창조세계의 다양함과 온전함과 조화로움이었습니다. 그것이 하나님 보시기에 매우 좋았던 것입니다. 그리고 그 매우 좋은 것 안에 우리가 포함됩니다. 우리는 생물다양성의 일부입니다. 심지어 여러분의 소화 기관 속까지 생물다양성이 가득합니다. 그것이 하나님이 우리를 만드신 방식입니다. 우리는 창조세계와 분리되어 살 수 없습니다. 우리는 100퍼센트 창조세계의 일부이며 100퍼센트 창조세계에 의존합니다.

또한 창조세계는 우리의 도움 없이도 하나님을 계시하고 그분을 영광스럽게 경배합니다. 아마도 우리는 그런 활동에 참여할 수 있을지 모릅니다. 어떤 기독교 전통에서는 우리를 피조물의 제사장이라고 부르고, 우리가 피조물들이 하는 일을 선언할 수 있다고 말합니다. 그러나 피조물은 하나님을 경배하는 데 우리의 도움이 필요하지 않습니다. 시편을 보십시오. 그리고 이 점은 많은 예배 찬양에도 반영되어 있습니다. 피조물의 예배는 우리가 하나님을 예배하는 법을 잊었을 때에도 계속됩니다. 구약성경에서 하나님은 종종 이스라엘 백성이 예배를 그만둔 것을 꾸짖으시며 이렇게 말씀합니다. "…이제 짐승들에게 물어보아라. 그것들이 가르쳐 줄 것이다. 공중의 새들에게도 물어보아라. 그것들이 일러줄 것이다…"(욥기 12:7). 우리가 예배를 잊고 있을 때에도 피조물은 계속 예배하고 있습니다. 창조세계는 단순히 자신이 해야 할 일을 함으로써 하나님을 예배하고 있습니다. 니제르의 나무 그루터기는 자라려고 노력함으로써 하나님을 예배합니다. 인간은 종종 그것을 베거나 태우거나 방목하여 동물의 먹이가 되게 함으로써 그 예배를 가로막습니다.

언약은 깨어진 세상을 위한 하나님의 계획입니다. 하나님, 사람, 나머지 피조물, 곧 하나님과 사람, 사람과 지구 사이의 관계는 모두 타락으로 인해 깨어졌습니다. 하나님과의 수직적 관계뿐 아니라 다른 관계도 깨어졌습니다. 하나님은 아담에게 "…땅이 너 때문에 저주를 받을 것이다…"(창세기 3:17)라고 말씀하셨습니다. 히브리어에서 땅이라는 말과 아담이라는 말은 같은 어원을 가지고 있습니다. 우리를 만드신 재료였던 땅이 우리로 인해 저주를 받았습니다. 깨어진 관계로 인해 땅이 애통하고 있다는 주제는 구약성경을 관통하는 주제입니다. 깨어진 세상에 대한 하나님의 계획은 우리를 그런 상황에 그저 남겨 두지 않습니다.

그래서 하나님은 언약을 맺으십니다. 성경에 나오는 최초의 명시적 언약은 하나님과 노아의 언약입니다. 이 점은 종종 간과됩니다. 마치 아브라함의 언약이 최초의 언약인 것처럼 말하곤 합니다. 그렇지 않습니다. 최초의 언약은 노아의 언약이며 그 언약이 아브라함의 언약과 모세의 언약과 그 이후 모든 언약의 기초가 됩니다. 그런데 그 언약은 모든 피조물의 언약이며 땅 위에 다양한 종류의 생물을 살려 두시겠다는 언약입니다. "…내가 무지개를 구름 속에 둘 터이니, 이것이 나와 땅 사이에 세우는 언약의 표가 될 것이다"(창세기 9:13). 하나님의 선한 목적은 타락으로 깨어진 모든 관계를 회복하는 데 있습니다.

우리는 성경의 많은 부분을 건너뛰고 언약에서 그리스도로 나아갈 것입니다. 예수님이 이 세상에 오신 목적에 대해 생각해 보겠습니다. 요한복음 1장에서는 "말씀 λόγος, 로고스"이 "육신 σάρξ, 사르크스"이 되었다고 말합니다. 저는 최근에 와서야 요한이 얼마나 급진적인 주장을 하고 있는지 깨닫게 되었습니다. 요한이 "말씀이 사람이 되었다"라고 말했다면 훨씬 쉬웠을 것입니다. 헬라어로 '안트로포스 ἄνθρωπος'라는 평범한 단어가 있습니다. 요한은 "말씀이 육신이 되셨다"라고 말하면서 의도적으로 '사르크스'라는 단어를 사용했습니다. '사르크스'는 인간의 육체만이 아닌 모든 동물의 육체를 의미합니다. 고대 그리스의 시장에서 고기를 산다면 우리는 사르크스를 사는 것입니다. 요한이 말하고

자 하는 것은, 창조주이신 말씀, 그를 통해 하나님이 모든 것을 존재하게 하셨던 그 말씀이 창조세계에 들어오신다는 것입니다. 창조주가 피조물이 되신 것입니다. 물론 그는 인간이 되셨습니다. 1세기 유대인 남성이 되셨습니다. 우리는 그것을 알고 있습니다. 그러나 그보다 더 중요한 것은 예수님 안에서 하나님이 창조세계와 자신을 동일시하신 것입니다. 창조주가 피조물이 된 것입니다. 하나님은 세상을 그만큼 사랑하셨습니다. 예수님의 성육신, 가르침, 기적, 죽음, 부활, 미래의 영광에는 언제나 창조세계가 포함되어 있습니다. 바울은 언젠가 "…하늘과 땅에 있는 모든 것을 그리스도 안에서 그분을 머리로 하여 통일시키는 것"(에베소서 1:10)이라고 말합니다.

골로새서 1장은 예수님과 창조세계의 아름다운 관계를 세 가지 요점으로 제시해 줍니다. 첫째로, 예수님은 창조주이십니다. 저는 아이들과 창조세계에 관해 대화를 나눌 때, 자연을 보면서 예수님의 지문을 찾아보라고 말하곤 합니다. 오늘 아침, 저는 근처 산의 꼭대기 능선까지 올라가 보려고 했으나 너무 가팔라서 결국 포기했습니다. 하지만 가는 길에 거미들과 새들을 만났습니다. 높은 나무에 있어서 대부분 자세히 보지는 못했습니다. 그리고 아주 가까운 거리까지 다가온 멧돼지를 만났습니다. 멧돼지는 시력이 나쁘지만 후각은 뛰어납니다. 아직 제 냄새를 맡지 못한 것 같아서 저는 조용히 서 있었습니다. 그러자 멧돼지는 쿵쿵거리며 주변 냄새를 맡다가 사라졌습니다. 이 모든 것에 예수님의 지문이 묻어 있습니다. 예수님이 만드셨기 때문입니다. 모든 것은 그가 만드셨고, 또한 그를 위해 창조되었습니다(골로새서 1:16). 거미들도 예수님을 위해 창조되었고, 멧돼지도 예수님을 위해 창조되었으며, 여러분도 예수님을 위해 창조되었습니다.

둘째로, 그분 안에 모든 것이 함께 서 있습니다(골로새서 1:17). 바울은 여기서 놀라운 주장을 펼칩니다. 은하계에는 아원자 입자에 이르기까지 모든 것이 그리스도 안에서 함께 결합되어 있습니다. 그분 안에서 모든 것이 함께 붙어 있습니다. 그가 없으면 모든 것이 산산조각이 납니다. 생태적 위기의 근본 원인은 죄입니다. 예수님이 중심에 계시지 않으면 모든 것이 부서지고 맙니다.

셋째로, 예수님은 창조주요, 유지자이실 뿐 아니라 구원자이십니다. 그는 우리 영혼만이 아니라 창조세계의 구원자이십니다. 하나님은 "그분의 십자가의 피로 평화를 이루셔서, 그분으로 말미암아 만물을, 곧 땅에 있는 것들이나 하늘에 있는 것들이나 다, 자기와 기꺼이 화해시켰습니다"(골로새서 1:20). 만일 어떤 사람이 예수님이 죄인의 구원만을 위해 죽으셨다고 말한다면, 알지 못하는 사이에 그는 그리스도의 주권을 축소하는 오류를 범하고 있는 것입니다. 그런 사람들은 십자가의 구원하는 사역을 훼손합니다. 그들은 하나님을 개인의 주머니 속 구원자로 축소합니다. 예수님은 십자가 죽음을 통해 하늘과 땅의 모든 것을 하나님과 화해하게 하신 분입니다. 우리는 복음을 축소하거나 개인적인 복음으로 여겨서는 안 됩니다. 하나님의 크심만큼 큰 복음을 소유해야 합니다.

　네 번째 개입 사건은 오순절에 하나님이 성령을 보내신 일입니다. 베드로는 예언자 요엘의 말을 인용하여 하나님의 영이 모든 육체 위에 부어졌다고 말합니다. 헬라어 구약성경인 칠십인역 성경에서도 '사르크스'라는 단어가 등장합니다. 이에 해당하는 히브리어 단어는 '바사르בשר'입니다. 모든 '사람'이 아니라 모든 '육체'입니다. 하나님의 영이 모든 육체에 부어졌습니다. 정말 놀라운 말씀입니다. 창조세계와 관련하여 교회가 존재하는 목적은 무엇입니까? 로마서 8장 19절에서 바울은 이렇게 말합니다. "피조물은 하나님의 자녀들이 나타나기를 간절히 기다리고 있습니다." 하나님의 자녀는 누구입니까? 바로 우리입니다. 바울이 교회를 가리키며 사용한 표현입니다. 창조세계는 교회가 나타날 것을 기다리고 있습니다. 창조세계는 교회를 기다리고 있습니다. 교회여, 깨어나십시오. 교회여, 하나님이 에덴동산에서부터 이미 인류에게 주신, 그리고 그 이후로 계속 실패해 온 이 소명을 받아들이십시오. 창조세계는 교회의 등장을 기다리고 있습니다. 교회가 교만하게 "우리에게는 모든 답이 있고, 다른 사람의 도움은 필요하지 않아. 됐어"라고 말하는 것이 아니라, 창조세계를 돌보고자 하는 다른 이들과 겸손하게 함께 하기를 기다리고 있습니다. 창조세계는 교회를 기다리고 있습니다.

　톰 라이트Tom Wright는 자신의 책『마침내 드러난 하나님 나라』에서 이렇게 말합니다. "창조계 전체가 하나님의 자녀들이 드러나기를 간절히 기다리고 있다고 바울이 주장했던 바다. 다시 말해서 창조계는 그렇게 구속받은 인간이 드러나기를 기다리는데, 그 인간의 청지기직을 통해서 창조계가 드디어 원래의 지혜로운 질서를 회복하게 될 것이라는 뜻이다." 이것은 교회가 받은 사명의 일부입니다. 복음은 창조세계를 포함합니다. 교회가 선포하고 드러내야만 하는 복음은 창조세계를 포함합니다.

　예수님이 다시 오실 때는 어떤 일이 벌어질까요? 이제 종말론을 생각해 보기 위해 구약성경부터 시작해 보겠습니다. 여러분도 아시다시피, 어설픈 종말론들은 거의 모두가 한두 구절을 문맥에서 벗어나게 해석한 것에 근거하고 있습니다. 종말론을 이해하기 위해서는 성경 전체를 보아야 합니다. 구약성경은 심판에 대해 매우 강하게 이야기하지만, 심판 너머에는 항상 희망이 있습니다. 하나님과의 평화, 이웃과의 평화, 자신과의 평화, 창조세계와 평화라는 샬롬의 비전이 있습니다. 야생 동물과 인간이 조화롭게 공존하는 비전입니다.

그리고 신약성경은 반복해서 '새로운 것'에 관해 말하고 있지 않습니까? 새로운 하늘, 새로운 땅, 새로운 창조, 새로운 언약, 새로운 성경 등. 그러나 신약성경은 새로움을 말할 때 두 가지 단어를 사용합니다. '카이노스καινός'와 '네오스νέος'입니다. 이 두 단어에는 미묘한 차이가 있습니다. 이 단어를 해석하는 방법은 상당히 복잡하지만 간략히 설명하자면 이렇습니다. 여러분이 가게에서 물건을 사서 포장을 막 벗겨 냈다면 그 물건은 '네오스'한 것입니다. 그러나 만일 무언가가 새롭게 바뀌고 복원되고 수리되고 근본적으로 재형성되었다면 그것은 '카이노스'한 것입니다. 이 둘은 서로 다른 새로움을 표현합니다. 신약성경은 절대적으로 일관되게 말합니다. 새 하늘, 새 땅, 새 창조, 새 예루살렘에 관해 말할 때마다 '네오스'가 아니라 '카이노스'를 사용합니다. 그러므로 이 새로움에는 또한 연속성이 있습니다. 그리고 우리의 종말론에는 심판 주제와 갱신 주제가 함께 나타납니다. 불연속성과 연속성이 모두 존재합니다.

새 창조의 특성을 보여 주는 모델이 바로 부활하신 예수님입니다. 왜냐하면 그는 새 창조의 첫 열매이시기 때문입니다. 예수님은 부활 후에도 같은 몸을 가졌습니까? 그렇기도 하고 아니기도 합니다. 무덤이 비었고 그분은 못과 창에 찔린 상처 자국을 가지고 계셨기 때문에 같은 몸이었지만, 새로운 점이 있었습니다. 잠가 놓은 방에 나타나실 수 있었습니다. 예수님이 갑자기 해변에 등장하셨을 때 그분을 잘 아는 사람들조차 알아보지 못했습니다. 엠마오로 가고 있었던 두 제자도 예수님을 알아보지 못했습니다. 뭔가 다른 점을 보았습니다. 그러므로 새로운 창조에는 연속성과 불연속성이 모두 존재합니다. 그것은 완전한 대체가 아니라 근본적인 갱신입니다.

베드로후서 3장은 지구가 불타서 없어지고 버려진다는 종말론을 가진 사람들이 가장 자주 인용하는 장입니다. 그들의 관점은 보통 400년 전에 번역된 영어 번역본에 근거하고 있는데, 안타깝게도 이 번역본은 몇몇 핵심 부분을 오역하고 있습니다. 그러나 이 장 전체를 보면, 예수님이 재림하실 때 일어날 일과 노아 시대에 일어난 일을 비교합니다. 그리고 노아의 때에 세상이 멸망했다고 말합니다(베드로후서 3:6). 세상은 심판을 받았고 정화되었습니다. 죄는 파괴되었습니다. 많은 파괴가 있었습니다. 그러나 창조세계는 내버려지지 않았습니다. 우리는 그 이후에 두 번째 지구를 받은 것이 아닙니다. 우리는 정화되고 새롭게 된 지구를 받았습니다. 바로 그것이 그리스도의 재림 때 일어날 불 심판의 모델입니다. 옛것을 내버리는 것이 아닙니다.

아시다시피 지구가 불타 없어질 것이라는 신학은 산업혁명 이후에야 비로소 세력을 얻었습니다. 그것은 우연이 아닙니다. 만약 여러분이 이런 생각을 하는 사람을 만난다면, 창조세계가 완전히 파괴되지 않음을 보여 주는 세 성경 구절이 있으니 이 구절들을 제시하십시오. 그들에게는 심판에 대한 말씀과 갱신에 대한 말씀을 통합하는 신학이 필요합니다. 그러므로 이 구절들을 그들의 신학에 포함하라고 도전하십시오.

오순절 직후 베드로는 솔로몬 행각 설교에서 하나님이 "…만물을 회복하실 때까지, 마땅히 하늘에 계실 것입니다"(사도행전 3:21)라고 말했습니다. 여기서 하나님은 대체하시지 않고 회복하십니다. 요한계시록에서 예수님도 보좌에 앉으셔서 "…보아라, 내가 모든 것을 새롭게 한다…"(요한계시록 21:5)라고 말씀하셨습니다. 여기서도 '네오스'가 아니라 '카이노스'입니다. 예수님은 모든 것을 새롭게 하시는 분입니다. 모든 것을 내버리고 처음부터 다시 시작하시지 않습니다. 그는 창조세계를 개조하여 새롭게 하십니다. 아마도 가장 명확하고 단순한 말씀은 바울의 로마서 8장일 것입니다. 바울은 "…피조물도 썩어짐의 종살이에서 해방되어서, 하나님의 자녀가 누릴 영광된 자유를 얻으리라"(로마서 8:21)라고 말합니다. 창조세계는 해방되고 자유를 얻게 될 것입니다. 그러므로 복음은 예수 그리스도의 십자가와 부활을 통해 주어진 개인과 사회와 창조세계를 위한 좋은 소식입니다. 창조는 복음의 일부입니다. 창조세계 돌봄은 그 복음에 대한 우리의 반응입니다.

선교와 제자도

이 그림은 복음과 그에 대한 우리의 응답인 선교를 시각적으로 보여 줍니다. 선교는 영혼 구원(더 나은 표현은 복음 전도), 인류의 번성, 창조세계의 번성을 포함합니다. 선교는 이 세 측면을 모두 포함해야 합니다. 그것이 총체적integral 혹은 온전한holistic 선교입니다. 저는 단순히 성경적 선교라는 말을 선호합니다. 성경적 선교는 이 모든 것을 포함합니다.

제자도는 어떻습니까? 2024 제4차 로잔대회에서 제자도에 대해 무수한 말이 오갔습니다. 제가 말씀드리고 싶은 것은 삶 전체와 창조세계를 포함하는 제자입니다. 우리에게 주어진 첫 번째 명령은 창세기 1장에 나오는 명령입니다. 여기서 인간은 하나님의 세계를 책임지고 땅 위의 짐승과 하늘의 새와 바다의 물고기를 다스리라는 부름을 받습니다(창세기 1:27-28).

종종 이 말씀은 우리 인간이 모든 것 위에 있고 다른 것들은 모두 우리 발아래 있다는 자기중심적 방식으로 잘못 해석되어 왔습니다. 이런 생태적 계층화에는 종종 또 다른 계층화 곧, 젠더 계층화가 따라옵니다. 오늘날 많은 사람이 생태 중심적 관점을 받아들이고 있습니다. 그들은 우리가 이 지구에 무작위로 태어난 수백만 종 중 하나일 뿐이며, 다른 어떤 종에 대해서도 지배할 권리가 없다고 말합니다. 저는 두 관점이 모두 성경적이지 않다고 말하고 싶습니다. 인간 중심 관점은 생태 위기를 초래했는데, 이것은 과거에 그리스도인뿐 아니라 세속적 인본주의자들도 공유했던 관점입니다. 곧 인간은 가장 진화한 종이고, 원하는 것은 무엇이든 할 수 있는 존재라는 관점입니다. 이는 공산주의자들의 관점이기도 한 매우 인간 중심적인 세계관입니다.

오늘날에는 마치 우리의 유일한 다른 선택지가 생태 중심적 관점인 것처럼 생각되기도 합니다. 이 관점에서 우리는 그저 많은 종 중에 하나일 뿐이며, 우리는 우리의 자리를 지켜야 합니다. 우리가 바이러스처럼 되어 자연에 고통을 준다면, 어쩌면 자연은 우리를 제거하고 진화를 계속할지도 모릅니다. 여러분은 아마도 이런 관점을 점점 더 많이 듣고 있을 것입니다. 인간 중심 관점도, 생태 중심 관점도 성경적 관점은 아닙니다.

세 번째 선택지는 하나님 중심 관점입니다. 지구는 주님의 것입니다. 지구는 그리스도에 의해, 그리스도를 위해 창조되었습니다. 하나님은 세상을 사랑하셨습니다. 인간의 역할은 그 세상을 떠받치고 있습니다. 인간은 가장 바닥에 있는데, 인간이 중요하지 않아서가 아니라 하나님이 인간의 어깨에 많은 것을 짊어지게 하셨기 때문입니다. 생태학 용어를 사용하자면, 우리는 핵심 종 keystone species 입니다. 하나님은 우리에게 책임을 부여하셨습니다. 좋든 싫든 인간이 하는 일은 자연의 나머지 부분에 영향을 미칩니다. 하나님은 우리가 다른 피조물의 번성을 위해 일하기를 바라십니다.

    이것은 제자도의 한 부분입니다. 우리는 이 점을 가르치고 있습니까? 우리는 사람들에게 기도하고, 성경을 읽고, 신앙을 나누고, 교회에 나가는 것뿐만 아니라, 창조세계 속에서 섬기는 리더십으로 하나님의 형상을 나타내야 한다고 가르치고 있습니까? 이것은 제자도의 일부이며, 이 자리에 있는 사람들뿐 아니라 모든 그리스도인을 위한 것입니다.

    이와 관련하여 몇 가지를 살펴보겠습니다. 제자도는 창세기에서 우리에게 주어진 첫 번째 사명입니다. 지금 이곳에 저희와 함께하고 있는 토니 리나우도 선교사님은 창조세계 돌봄의 핵심 이유 중 하나가 하나님을 사랑하고 이웃을 사랑하라는 계명, 곧 가장 큰 계명에 대한 순종이라고 말했습니다. 저는 사람들이 이렇게 말하는 것을 들었습니다. "예수님은 하나님과 이웃을 사랑하라고 하셨지, 하나님과 이웃과 창조세계를 사랑하라고 말씀하신 적이 없다. 그러니 예수님의 계명은 하나님과 사람에만 해당한다." 그렇다면 하나님을 사랑하는 것이 무엇을 의미하는지 다시 생각해 보아야 합니다. 이 세상은 누구의 세상입니까? 누가 창조세계의 주인입니까? 창조세계를 사랑하지 않고서는 하나님을 사랑할 수 없습니다. 창조세계를 돌보지 않고서는 이웃을 사랑할 수 없습니다. 창조세계 돌봄은 가장 큰 계명에 순종하는 기본 단계입니다.

예수님의 지상 명령(마태복음 28:18-20)도 생각해 봅시다. 우리가 잘 알고 있는 이 명령에서 예수님은 우리에게 개종자를 만들라고 말씀하시지 않습니다. 가서 제자를 삼으라고 하십니다. 하나님이 우리에게 행하라고 명령하신 모든 것을 행하는 사람들을 세우라고 하십니다. 삶의 전 영역에서 제자로 살라는 것이 지상 명령의 내용입니다. 마가복음 16장 15절에는 지상 명령의 조금 다른 버전이 나오는데, 예수님은 모든 창조세계를 향해 복음을 전파하라고 하십니다. 2024 제4차 로잔대회에서는 마가복음에 나오는 지상 명령, 곧 모든 창조세계를 향해 복음을 전파하라는 명령에 관한 이야기를 듣지 못했습니다.

창조세계는 교회를 기다리고 있습니다. 하나님의 자녀들이 나타나기를 손꼽아 기다리고 있습니다. 우리의 제자 훈련에서는 그 대상이 어린이나 청소년, 성인이나 노인이든 반드시 창조세계 돌봄 주제가 포함되어야 합니다. 이것이 빠진다면 결코 온전한 제자도일 수 없습니다. 창조세계 전체가 간절히 기다리는 것은, 단지 자신의 구속과 부패와 쇠퇴로부터의 해방뿐만 아니라 하나님 자녀들의 구속입니다(로마서 8:23).

창조세계와 예배

이제 마지막으로 예배를 살펴보겠습니다. 예배에 관해 성경은 무엇을 말합니까? 창조세계가 이미 하나님을 예배하고 있다고 말합니다. 시편 19편 1절을 보십시오. "하늘은 하나님의 영광을 드러내고, 창공은 그의 솜씨를 알려 준다." 우리가 전도할 때, 창조세계는 우리의 첫 번째이자 가장 위대한 전도 동역자입니다. 창조세계는 하나님이 누구신지 보여 줍니다. 바울은 로마서 1장 20절에서 이렇게 말합니다. "이 세상 창조 때로부터, 하나님의 보이지 않는 속성, 곧 그분의 영원하신 능력과 신성은, 사람이 그 지으신 만물을 보고서 깨닫게 되어 있습니다. 그러므로 사람들은 핑계를 댈 수가 없습니다." 그러므로 전도에 열정적인 사람을 만난다면, 창조세계의 파괴가 전도에 걸림돌이 된다는 점을 지적해 주십시오. 창조세계 돌봄과 예배는 밀접한 관계에 있습니다. 자연은 날마다 하나님을 예배합니다. 시편 19편의 언어는 매우 흥미롭습니다. 하늘은 말을 쏟아 내며 지식을 드러냅니다. 자연은 어떤 말도 하지 않지만 우리에게 말을 건넵니다.

자연은 우리의 마음을 향해 말합니다. 자연은 다양한 방식으로 우리에게 말을 건넵니다. 자연은 우리의 도움이 없어도 하나님을 예배하지만, 우리는 자연과 함께, 자연을 통해, 자연 안에서 예배하도록 부름을 받았습니다.

작년에 저는 남미 북부에 있는 아름다운 나라 가이아나Guyana를 방문하는 큰 특권을 누렸고, 수련회 전후로 하루씩 자연으로 나가서 시간을 보낼 기회를 얻었습니다. 수련회 다음 날 우리는 황금로켓개구리라는 개구리를 만났습니다. 4-5밀리미터 정도밖에 안 되는 정말 작은 개구리인데, 이 개구리는 평생을 식물 위에서 보냅니다. 이 식물들이 자라는 곳은 큰 폭포 뒤쪽의 그늘이었는데 식물들의 잎이 작은 물웅덩이를 만들면 이 개구리들은 그 안에서 살았습니다. 우리가 구경하러 가자 약간 짜증이 난 개구리가 튀어나와서 사진을 찍을 수 있었습니다. 이 개구리는 그곳에서 평생을 삽니다. 이 개구리를 하나님이 만드셨습니다. 그리고 하나님이 사랑하십니다. 하나님은 그 개구리를 돌보시고, 그 개구리는 하나님을 예배합니다.

그 개구리와 같은 존재들은 우리가 하나님을 예배하는 데 도움이 됩니다. 저는 그 장소를 관광객들과 함께 방문했습니다. 대부분은 그리스도인이 아니었지만 사람들은 "와, 정말 놀랍다"라며 감탄했습니다. 사람들의 반응에는 경외심이 담겨 있었습니다. 이 생명체는 우리로부터 완전히 독립하여 한 그루 식물 안에서 평생을 살아감에도 불구하고 너무나 아름다웠습니다. 그 순간 사람들의 머릿속에서 무언가가 톱니바퀴처럼 돌아가기 시작하는 게 느껴졌습니다. 창조세계는 하나님을 예배하고, 우리가 하나님을 예배할 수 있게 해 줍니다.

우리는 창조세계가 본래 의도된 모습으로 하나님을 예배할 수 있도록 도와야 합니다. 오늘 아침에 많은 사람이 산책로를 따라 걷고 야외 활동을 하는 모습을 보았는데 정말 아름다운 장면이었습니다. 그러나 예배는 단순히 자연을 사랑하는 것 이상입니다. 그것이 좋은 출발점이기는 하지만 말입니다. 예배에는 전기 사용도 포함됩니다. 우리가 쇼핑 카트에 넣는 것, 에너지를 소비하는 방식, 일하는 방식, 사업하는 방식도 예배의 일부입니다. 우리 삶의 모든 부분이 예배의 일부입니다. 입으로 하는 말뿐만 아니라, 우리가 삶 전체를 통해 하는 일도 예배의 일부입니다. 이 점이 매우 중요합니다.

동아프리카의 케냐는 놀라울 정도로 기독교화된 국가입니다. 곳곳에 예수 그리스도가 주님이시라는 문구가 코카콜라나 맥도날드의 광고 문구보다 더 크게 그려져 있습니다. 케냐는 놀라울 정도로 그리스도인의 비율이 높지만, 케냐의 기독교 지도자들은 저에게 그들의 복음이 더 깊이 들어가지 못하고 있다고 말했습니다. 아직도 케냐 전체가 변화된 것은 아닙니다. 케냐에는 여전히 부패와 부족 중심주의와 환경 파괴와 온갖 불공정 문제가 있습니다. 그러나 인구의 70퍼센트가 정기적으로 교회에 출석합니다. 그렇다면 왜 열매가 없을까요? 그 질문에 대한 답은 그들에게 전파된 복음이 충분히 큰 복음이 아니었다는 것입니다. 그것은 단지 영혼만 구원하는 복음, 개인 구원만 말하는 복음이었습니다. 저는 케냐의 그리스도인들을 비난하는 것이 아닙니다. 그런 복음을 가르친 것은 주로 서양의 선교사들이었습니다. 그러나 예수님의 좋은 소식은 더 큰 것입니다.

마지막으로 주기도를 살펴보겠습니다. 우리는 기도할 때마다 "나라가 임하시오며 뜻이 하늘에서 이루어진 것같이 땅에서도 이루어지이다"라고 기도합니다. 복음, 곧 하나님 나라의 복음은 하늘이 땅으로 내려오는 것입니다. 우리가 땅에서 하늘로 도망치는 것이 아니라, 하늘이 땅에 임합니다. 그러므로 우리는 이 진리를 말과 글과 대화를 통해, 우리의 교회와 단체 안에서, 로잔운동 안에서, 하나님이 우리를 보내신 모든 곳에서 확신 있게 증언해야 합니다.

1주 예배

애통하는
마음으로

Creation

🌿 첫째 주 예배의 문은 루스 파디야 드보스트 목사님과 함께 열겠습니다. 루스는 창조세계 돌봄을 전혀 다르게 바라보는, 완전히 새로운 관점을 열어 줍니다. 루스가 들려주는 애통함은 단편적인 눈물이 아닙니다. 삶으로 품고 사랑하고 출산한 성령의 열매이자, 선지자의 외침에 가깝습니다.

> "이 땅이 언제까지 슬퍼하며,
> 들녘의 모든 풀이 말라 죽어야 합니까?
> 이 땅에 사는 사람의 죄악 때문에,
> 짐승과 새도 씨가 마르게 되었습니다.
> 사람들은 자기들이 무슨 일을 하든지,
> 하나님께서 내려다보시지 않는다고
> 말하고 있습니다."
>
> (예레미야 12:4)

🎤 **루스 파디야 드보스트**

제 목소리가 들리나요

이 자리에 함께한 형제자매들에게 인사를 드립니다. 제 남편과 제가 속한 코스타리카의 그리스도인 공동체 카사 아도베Casa Adobe도 함께 인사를 드립니다. 우리 공동체는 인간과 비인간을 포함한 모든 피조물과 올바른 관계를 맺으며 살고자 노력하고 있습니다. 여러분과 나눌 주제는 애통lament입니다. 저는 이 묵상의 제목을 "탄식하는 것들과 함께 애통하기"mourning the groaning라고 정했습니다. 이 묵상 이야기에서 이사야서와 로마서의 주요 성경 본문을 언급할 것입니다. 바쁜 일상과 소란스러운 소비 사회를 살아가는 우리 모두가 자주 놓치고 마는 음성을 들을 수 있기를 바랍니다. 그래서 저는 의인화한 어느 존재의 목소리를 여러분에게 들려주고자 합니다.

안녕하세요. 먼저 제 소개를 하겠습니다. 여러분은 나의 일부이지만 너무 자주 그 사실을 무시합니다. 인간인 여러분은 나의 여러 부분에 절대적으로 의존한 채 살아갑니다. 그러나 여러분은 그 사실을 줄곧 인식하지 못합니다. 창조주 하나님이 나를 만드셨습니다. 그리고 여러분은 땅, 하늘, 물, 그리고 나를 구성하는 다른 모든 생명체를 사랑하고 돌보라는 특별한 사명을 받았습니다. 여러분은 늘 내 안에 있습니다. 지금쯤 알아차리셨을 것입니다. 제 이름은 창조세계입니다. 처음에 나는 아름다웠고 다채로웠으며, 건강했고 온갖 종류의 다양한 생명체로 가득하며 활기가 넘쳤습니다. 하지만 여러분의 폭력과 탐욕은 나와 내 안에 사는 것들을 멸망의 위기로 몰아넣었습니다. 그래서 창조주 하나님은 노아의 때에 모든 것을 새롭게 시작하시면서, 여러분과 그리고 모든 생명체와 사랑의 언약을 맺으셨습니다. 그럼에도 여러분의 끝없는 갈증으로 인해 나의 고통은 끝나지 않았습니다. 이미 수 세기 전에 예언자 이사야는 나의 상태를 묘사하며 하나님이 얼마나 나를 염려하고 계시는지를 드러냈습니다.

> 땅이 메마르며 시든다. 세상이 생기가 없고 시든다. 땅에서 높은 자리를 차지한 자들도 생기가 없다. 땅이 사람 때문에 더럽혀진다. 사람이 율법을 어기고 법령을 거슬러서, 영원한 언약을 깨뜨렸기 때문이다(이사야 24:4-5).

창조주께서 인간과 맺은 사랑의 언약을 다름 아닌 인간 스스로가 깨뜨렸습니다. 여러분은 하나님과 멀리 떨어져도 살아갈 수 있다고 믿었고, 결국 서로를 돌볼 수 없게 되었습니다. 여러분은 계속 나를 남용하고 학대했으며, 나의 안녕이나 미래 세대의 안녕을 돌아보지 않았습니다. 소중한 생물 종이 사라지고 있고 여러분은 나의 외침에 귀를 막고 있습니다. 내 물들은 플라스틱으로 오염되고 있지만 여러분은 외면하고 있습니다. 어느 곳에서는 땅이 마르고 어느 곳에서는 홍수가 나고 있습니다. 그래서 수백만의 사람이 강제로 이주를 당하고 있지만 당신은 신경 쓰지 않는 것 같습니다. 그래서 나, 창조세계는 깊은 고통 속에 있습니다. 잠시 멈추어 서서 이 고통의 표현들이 무엇인지 생각해 보기를 권합니다. 여러분이 있는 곳에서 이런 고통의 징후를 목격한 적이 있습니까? 잠시 멈추어 이런 일들을 보십시오. 사라져 가는 생물 종, 오염된 물, 메말라 가는 땅, 홍수 등을 돌아보십시오. 당신이 사는 곳, 당신이 속한 지역, 당신이 있는 지구 한구석에서 일어나는 일들을 하나씩 살펴보십시오. 창조세계는 정말로 깊은 고통 속에 있습니다. 그리고 기다리고 있습니다. 하나님의 자녀인 여러분이 자녀처럼 살기를 갈망하며 기다립니다. 나는 해산의 고통을 느끼며 신음하고 있습니다. 여러분이 창조주께 돌아오고 그의 사랑의 언약 안으로 돌아오기를 바라며 기다립니다. 하나님의 영도 나와 함께 신음하시며 내가 다시 건강하고 다채롭고 생명으로 가득하게 되기를 갈망하고 계십니다. 나는, 그리고 아마도 여러분도, 창조주께서 만물을 회복하실 날을 기다립니다. 그 새로운 창조를 기다리는 동안 나는

당신이 사는 곳, 당신이 속한 지역, 당신이 있는
지구 한구석에서 일어나는 일들을 하나씩 살펴보십시오.

창조 세계는 정말로 깊은 고통 속에 있습니다.

아직도 슬퍼서 웁니다. 애통합니다. 그러니 여러분도 애통하기를 바랍니다. 지금 이 상황을 괜찮다고 여기지 마십시오. 눈과 귀와 마음을 여십시오. 그리고 나의 외침을 들어주십시오. 나와 함께 울어 주십시오. 큰 소리로 울어 주십시오. 우리가 말로 표현할 수 없는 울음과 신음을 대신 기도로 올려 주시는 하나님의 영과 함께 울어 주십시오(로마서 8:18-26).

마지막으로 조이 렌튼 Joy Lenton의 "지구를 위한 애가"라는 시 한 편을 소개합니다.

> 만약 하늘이
> 메마르고 먼지 가득한 땅을
> 동정하며 외치고
> 뜨겁고 짠 눈물을 흘린다면
> 나를 깨워 주세요.
> 나는 그 사실을 알고 싶습니다.
>
> 지구가 마지막 숨을
> 내쉬는 소리를
> 놓치지 않게 해 주세요.
> 그것이 홍수 때문이든

산불 때문이든
나는 그녀와 함께
울고 싶습니다.

우리는 모두 지금 울어야 합니다.
우리의 무관심
신실하지 못한
돌봄과 사랑 없음
어머니 지구를
제대로 돌보지 못한
우리의 무능함 때문에

우리는
나쁜 보호자였고
길 잃은 탕자였으며
낭비하는 자들이었습니다.
이제 우리는
슬프게도 신실하지 못했던 대가를
지금 거두고 있습니다.
신속한 쇠퇴와 죽음을
지켜보면서.

Care

🌿 우리가 마시는 물, 숨 쉬는 공기, 발 디딘 땅이 인간의 이기심으로 오염되어 인간만이 아니라 그 안에 연결된 모든 생명을 몸서리치게 합니다. 망가져 가는 창조세계와 그 속 생명들의 목소리에 귀 기울이는 것은 이전에는 전혀 듣지 못했던 새로운 언어를 배우고 듣고 소통하는 것과 같습니다. 자신에게만 향하는 우리 눈과 귀를 열어 창조세계의 모든 현상과 그 속에 숨겨진 목소리에 귀 기울여야 합니다. 또한 그 목소리를 하나도 놓치지 않고 듣고 계시는 우리 하나님 아버지의 마음을 깨달아야 합니다.

이제 베니타와 훌리아나가 들려주는 이야기를 통해 탄식하는 목소리를 더 주의 깊게 들어보려고 합니다. 과테말라에서 온 베니타 시몬은 그녀가 섬기는 코말라파 마을의 생명들을 보며 애통하고 있습니다. 마을 사람들은 오염된 땅에 거주하면서도 무엇이 잘못되었는지 모르고, 그로 인해 병들고 있다는 사실조차 깨닫지 못합니다. 베니타는 그저 외로이 울부짖으며 그 땅에서 자신이 할 수 있는 일들을 해 나가고 있습니다.

과테말라뿐 아니라 여러 남미 지역에서 땅과 그 땅에 하나님이 풍성하게 채워 주신 것들을 놓고 분쟁과 폭력이 끊이지 않습니다. 콜롬비아에서 온 훌리아나 모리요는 창조세계와 그 속 생명들을 지키기 위해 목숨을 걸고 싸우는 남미 친구들 이야기와 그들의 애통하는 목소리를 들려줍니다.

애통함은 그들의 삶이고 하나님의 회복을 바라는 간절한 기도입니다.

♀ 과테말라 + 베니타 시몬

쓰레기로 덮인 계곡

과테말라의 코말라파Comalapa라는 마을에서 청소년들과 함께 퇴비를 만들었던 이야기를 소개하겠습니다. 저는 고향 마을에서 조금 떨어진 한 마을에서 사역했습니다. 제가 그 마을에 처음 살게 되었을 때 숨 쉬는 것이 불편할 정도로 공기가 나쁘다고 느꼈습니다. 밤에는 목이 아파서 종종 잠에서 깨기도 했습니다. 저는 그것이 마을의 매립장에서 쓰레기를 태울 때 나오는 연기 때문임을 알게 되었습니다.

그 연기가 건강에 매우 해롭다는 것을 알았기 때문에 저는 집 안을 돌아다니며 가족 모두에게 문과 창문을 닫고 마스크를 쓰라고 했습니다. 그런데 식구들은 나에게 호들갑 떨지 말라며, 자신들은 아무것도 느끼지 못한다고 말했습니다. 저는 짙은 매연을 보고 느끼고 냄새도 맡았는데, 가족들은 느끼지 못했습니다. 그들은 금방 익숙해져서 그것을 정상으로 여기고 이상함을 느끼지 못했습니다. 제가 이 마을에서 사는 몇 년 동안 이런 장면이 반복되었습니다. 그 마을의 모든 쓰레기는 분리수거나 통제 없이 마을 가운데 있는 아름다운 절벽에 쌓입니다. 제가 태어날 때부터 언제나 그런 상태였습니다.

그 이후로 저는 그런 현실을 볼 때마다 깊은 슬픔을 느꼈

마을의 모든 쓰레기는 분리수거나 통제 없이
마을 가운데 있는 아름다운 절벽에 쌓입니다.

고, 쓰레기로 오염되고 망가져 가는 강과 숲을 보면서 그 아픔이 신체적 고통으로까지 나타나기 시작했습니다. 우리 마을이나 우리나라에서도, 더 나아가 다른 라틴 아메리카 국가들에서도 폐기물 관리는 대부분 우선순위가 아닙니다. 그래서 쓰레기가 우리 생태계의 생명을 앗아 가고 있습니다. 저는 하나님께 창조세계에 대한 당신의 사랑으로 이 일에 개입해 달라고 기도했습니다. 그리고 놀랍게도 하나님은 저를 당신의 회복 계획에 참여하도록 초대하셨습니다. 한 번도 공부해 본 적 없는 '쓰레기'를 다루는 일, 가장 하고 싶지 않았던 일에 헌신하기 위해 저는 고향으로 돌아왔습니다. 저는 대학에서 천연자원 관리를 공부했지만, 쓰레기 관리에 대해서는 배운 적이 없었습니다. 지역의 회복과 변화에 대해서도 마찬가지였습니다.

그런데 놀랍게도 하나님은 저를 혼자 보내시지 않고, 이미 다른 사람들을 움직이고 계셨습니다. 우리는 함께 이 도시의 긴급한 상황을 해결할 행동뿐만 아니라 사람들의 생각을 변화시키기 위해 인내심을 가지고 행할 일들까지 구상했습니다. 우리는 그들이 현재 정상이라고 여기는 것에 의문을 제기하며, 우리 조상들이 어떻게 살았고, 어떤 생활 방식을 가졌으며, 무엇을 열망했는지를 돌아보도록 노력해 왔습니다. 창조세계와 연결되고 깊은 관계를 맺었던 우리 조상의 세계관을 되새겨 볼 수 있기를 바랐습니다. 우리는 청소년 30명과 함께 그 일을 시작했고, 폐기물 문제에 대한 인식, 대안적 생산 방식, 물 관리, 생태계, 정원 가꾸기 등을 다루었습니다. 우리는 모든 것을 상황화하려고 노력했습니다. 예를 들어, "정해진 곳에 쓰레기를 버리세요"라는 말은 6개의 분리수거함이 마련되고 분리수거 시스템이 있는 곳에서만 적용될 수 있는 말입니다. 우리 마을들처럼 모든 쓰레기가 같은 강이나 같은 숲에 모이는 곳에서는 다른 방식이 필요했습니다. 청소년들과 함께 조사해 본 결과, 마을 주민들이 버리는 쓰레기의 50퍼센트 이상이 식물성 쓰레기라는 사실을 알게 되었습니다. 이 쓰레기는 무해해 보이지만, 제대로 처리하지 않으면 가스와 침출수를 생성하여 환경을 오염시킬 수 있습니다.

5년이 지난 오늘까지 우리는 다섯 개의 청소년 그룹과 함께 일해 왔고, 200여 가구의 참여를 이끌어 냈습니다. 그러나 이는 인구의 5퍼센트도 되지 않는 숫자입니다. 우리는 지방 정부를 대상으로 홍보 활동을 시도하고 있으며, 마을에 식물성 쓰레기를 퇴비로 만드는 공동시설을 두 곳 운영하고 있습니다. 우리는 오염원에 대해서도 끊임없이 주의를 환기시키고 있지만, 사람들이 이 문제의 심각성을 인식하려면 아직도 많은 노력과 인내가 필요한 것 같습니다. 우리가 개발하고 있는 프로젝트들은 아직 갈 길이 멉니다. 배워야 할 것도, 성장해야 할 것도 많습니다. 현재 상황에서 해결해야 할 일이 너무도 많습니다. 과테

5년이 지난 오늘까지
우리는 다섯 개의 청소년 그룹과 함께 일해 왔고,
200여 가구의 참여를 이끌어 냈습니다.

그러나 이는 인구의 5퍼센트도 되지 않는 숫자입니다.

말라의 350개 지방 정부가 쓰레기를 관리하지 않는 현실을 볼 때 우리가 반드시 이 일을 지속해야 한다고 느낍니다.

인터뷰

Q 감사합니다, 베니타 씨. 과테말라에는 환경 관련 법규가 거의 없고 지금 우리가 있는 이곳 한국과는 정반대 상황입니다. 당신들은 5년 동안 여덟 번이나 법적으로 인정받는 단체를 설립하려고 시도했으나 환경 관련 활동을 정부가 환영하지 않아 성공하지 못했다고 들었습니다. 정부 지원이나 법적 뒷받침 없이 이 일을 한 경험을 조금 더 말씀해 주실 수 있을까요?

베니타 시몬 | 네, 우리에게는 정말 어려운 일입니다. 우리나라에는 환경 문제에 관한 법이 별로 없습니다. 한국에는 비교적 많은 법이 있고, 모든 곳에서 많은 실천이 이루어지고 있지만, 우리나라에서는 정부가 그런 활동을 막고 있습니다. 우리 단체를 법인으로 만들고자 여덟 번 시도했지만 모두 성공하지 못했습니다. 이런 종류의 행동은 자연 자원, 강, 숲, 땅에 의존해서 살아가는 사람들과 토착민들에게 땅을 돌려주는 일과 관련이 있습니다. 그러나 우리나라는 극소수의 부유층만을 위해 돌아가고 있습니다. 이런 행동들이 그들에게 유익하지 않다면 승인을 받을 수 없고 실행할 수도 없습니다. 이론적으로 우리나라는 민주주의 국가입니다. 하

지만 실제로는 그렇지 않습니다. 그래서 이 일은 매우 어렵습니다. 우리나라는 정치, 사회, 문화, 교육 영역에 많은 문제가 있고 이 모든 영역을 고쳐 나가야 합니다. 법인을 설립할 수 없으므로 지금 하고 있는 일을 위해 땅을 소유할 수도 없고, 모금 활동이나 후원을 받는 데도 어려움을 겪고 있습니다. 우리가 하는 일이 고귀한 일이고 겸손하게 행하고 있지만, 그들은 이 일들이 다른 급진적 행동과 연관되어 있다고 의심합니다. 그래서 우리는 주로 십대들과 함께 프로젝트를 진행하거나, 우리와 자발적으로 함께하고자 하는 사람들과 일하고 있습니다. 하지만 법적 근거나 지원 없이도, 정부의 방해에도 불구하고, 이 일을 해 나가고 있습니다.

Q 당신과 당신의 팀을 칭찬하고 격려하고 싶습니다. 교회가 그 사역을 어떻게 도울 수 있을까요? 과테말라에서 변화를 주도하는 활동가로 인정을 받도록 교회가 어떤 방식으로 돕는 것이 가능할까요? 아마도 당신들의 사역이 교회를 통해 공인받게 되면 도움이 될 수도 있을 것 같습니다. 그리고 전 세계에서 온 형제자매가 당신들을 위해 기도할 때 어떤 기도를 드릴 수 있을지 말씀해 주십시오. 5년 후에 다시 이곳에 모일 때, 전 세계 형제자매들의 지원 덕분에 더 많은 성과를 이루었다고 말할 수 있기를 바랍니다.

베니타 시몬 | 좋은 질문과 따뜻한 격려의 말씀 감사드립니다. 그런데 안타깝게도 교회와 함께하는 일이 쉽지는 않습니다. 우리를 포함한 다른 단체들은 교회와 기독교 단체를 대상으로 워크숍을 진행하려고 노력하고 있습니다. 하지만 슬프게도 우리나라에서 복음주의 교회는 대부분 정부와 긴밀하게 연결되어 있습니다. 따라서 복음주의 교회가 법적으로 인정받는 과정은 사업체 설립처럼 아주 신속합니다. 우리나라에는 많은 교회가 있고 모든 교회가 전부 똑같지 않다는 점에서 희망이 있습니다. 우리는 축제 관행을 바꾸거나 상점에서 파는 상품을 개선하고 환경적으로 책임 있는 행동을 하고자 하는 작은 교회들도 알고 있습니다. 그러나 그런 교회들은 일부에 불과합니다. 어떤 교회들은 환경 보호 활동이 원주민 영성과 관련이 있다고 생각하기도 합니다. 우리가 원주민에 속하기 때문에 교회 지도자들이 원주민 영성과의 혼합을 두려워하여 거리를 두려고 하는 경우도 있습니다. 그러니 이 문제를 위해 기도해 주십시오. 왜냐하면 우리는 교회, 학교, 지방 정부와 협력해야 하기 때문입니다. 우리는 지역 사회에서 퇴비를 만드는 프로젝트를 제일 먼저 시작했습니다. 그렇기 때문에 이 길이 우리가 계속 가야 할 길이라고 생각하고 있습니다. 앞으로 수년 후에 하나님이 우리와 무슨 일을 하실지는 모르지만 우리가 하나님의

자녀이며 그분의 백성이라는 사실을 믿고 있습니다. 하나님은 우리와 함께 계시며 변화는 바로 우리로부터 시작되어야 합니다. 그리고 다른 사람들과 함께 변화를 이루어 나가야 한다고 생각합니다.

콜롬비아 + 훌리아나 모리요

"**그러니까 말합시다**" 저는 화학, 환경 관리, 재난 위험 완화 분야의 경력을 가지고 남미의 정부 및 비정부 부문에서 일했으며, 현재는 콜롬비아의 라틴 링크 Latin Link 소속 선교사로 일하고 있습니다. 라틴 링크를 통해 아르헨티나와 페루에서 선교사로 일했고, 지금은 제 고향인 콜롬비아에서 일하고 있습니다. 저는 과학 전공자로서 고국의 그리스도인들뿐 아니라 로잔 창조세계 돌봄 네트워크와 아나뱁티스트 메노나이트 교회 네트워크를 통해 여러 나라의 그리스도인들에게 창조세계 돌봄 관련 문제들을 홍보하고 있습니다.

제가 나눌 내용은 제 마음에 깊이 와닿고 있는 이야기입니다. 제 이야기는 아니지만, 제 이야기의 일부이기도 합니다. 환경 보호 운동가들과 그들이 받는 위협에 관한 이야기인데 특히 우리나라 콜롬비아에서 일어나고 있는 일입니다. 환경 보호 활동가들은 종종 토착민인데 생물다양성을 보호하고, 기후에 중요한 숲과 서식지와 생태계를 지키며, 여러 지역의 천연자원을 보호하는 데 핵심 역할을 합니다. 그들은 90개국에 걸쳐 지구의 보전 지역 3분의 1 이상을 돌보고 있으며, 세계에 남아 있는 생물다양성의 약 80퍼센트를 보존하는 일을 하고 있습니다.

저는 남부 콜롬비아 푸투마요Putumayo 지역의 상황을 나누고자 합니다. 이 지역의 토착민 활동가인 소라이다 친도이Sorayda Chindoy는 토착민들과 함께 수백만 톤의 구리와 몰리브덴과 다른 광물을 채굴하려는 프로젝트로부터 푸투마요 산지를 지키고 있습니다. 그들은 보전 지역 안에서 살아가는 공동체인데, 깨끗한 물과 식량이 풍부한 숲을 지닌 풍요로운 땅에 살고 있음에 감사하고 있습니다. 이 채굴 프로젝트를 지지하는 사람들은 이것이 국가의 에너지 전환에 기여하는 친환경 프로젝트라고 홍보하고 있습니다. 그러나 공동체 지도자들은 이 프로젝트가 산사태나 오염 같은 문제를 야기할 수 있다고 우려하고 있습니다. 그들은 또한 채굴 프로젝트가 들어오면 발생할 수 있는 사회적 문제도 염려합니다. 임시 광산 마을에서 종종 생겨나는 성매매와 여성 학대, 폭력, 살인, 강제 이주 등의 문제를 우려합니다. 그래서 그들은 자신들의 땅을 지키기 위해 목숨을 걸고 있습니다. 또 다른 한 여성 환경 보호 운동가는 자신의 지역에 무단으로 들어온 석유 탐사 프로젝트에 대해 말해 줍니다. 그녀는 이 석유 탐사 프로젝트가 마치 그 땅을 끝장내기 위해 찾아온 암 같다고 말합니다. 그녀는 이렇게 말합니다.

"예전에 우리는 행복하고 평화롭게 살았습니다. 그러나 이제는 더 이상 깨끗한 물을 마실 수 없고 물탱크

차로 물을 실어 와야만 하는 지경이 되었습니다. 우리가 사는 집들의 기둥과 벽은 석유 탐사의 영향으로 금이 갔습니다. 이곳은 제가 가족과 함께 생활해야 하는 유일한 곳입니다. 우리는 에코페트롤사 EcopetrolADR에게 이곳에 오라고 부탁한 적이 없습니다. 왜 우리가 떠나야 하는 것입니까?"

콜롬비아에서는 매년 환경 운동가 수십 명이 살해당하고 있습니다. 환경 운동가들이 살해당하는 것은 콜롬비아의 만연한 폭력 사태와 관련이 있습니다. 이들이 살해당하는 지역을 지도로 표시해 보면 천연자원이 풍부하고 광산이나 석유 개발이 진행되는 지역과 정확히 일치합니다. 최근의 글로벌 위트니스 Global Witness, 환경 운동가들의 살해와 기타 문제에 대한 보고서를 매년 작성하는 비정부기구 보고서 데이터에 따르면 2023년에 전 세계에서 환경 운동가 196명이 자신들의 땅과 환경을 보호하기 위해 그들의 권리를 주장했다는 이유로 살해당했습니다. 많은 사건이 제대로 보고되지 않기 때문에 실제 수는 훨씬 더 많을 것으로 보입니다. 2023년에 발생한 196건의 환경 운동가 살해 사건 중 40퍼센트가 한 나라에서 발생했습니다. 그 나라가 어디일까요? 바로 콜롬비아입니다. 정부가 살인 사건을 기록하기 시작한 2012년부터 계속 이런 현상이 지속되고 있습니다. 다음 도표를 보면 전 세계에서 환경 운동가가 가장 많이 살해된 10개국 중 5개국이 라틴 아메리카에 속해 있음을 볼 수 있습니다.

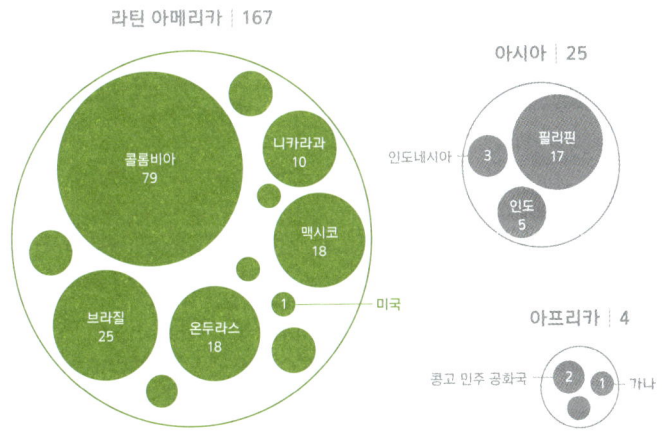

환경 운동가 피살 현황(2023년, 명)
전 세계에서 196명이 토지와 환경을 지키다 목숨을 잃었다.
출처: Global Witness

도표에서 콜롬비아 사례는 79건인데 이는 실제보다 훨씬 적은 수입니다. 그다음으로 브라질이 25건, 온두라스와 멕시코가 각각 18건, 니카라과가 10건입니다. 필리핀에서도 17건이 일어났는데, 오늘 제가 말하려는 바는 라틴 아메리카에서 가장 많은 살인 사건이 발생했다는 점입니다. 또한 위 보고서에 따르면, 살해당한 환경 보호 운동가 중 43퍼센트가 토착민이었고, 아프리카계가 6퍼센트였습니다. 또한 여성이 12퍼센트였다는 점도 중요한 사실입니다. 이것은 2023년 한 해 동안 벌어진 일입니다. 지난 12년 동안 살해당한 345명의 환경 운동 지도자들이 광업 및 석유 채굴과 관련한 지역에서 일했습니다. 그 외에도 사망자가 발생한 산업 분야는 농업 기업(콩 재배나 다른 플랜테이션), 벌목, 수력 발전, 밀렵 및 기타 토지 이용, 불법 작물 대체, 농지 개혁, 어업 등입니다.

통계 자료만 보았을 때는 이 이야기들이 아주 멀게 느껴질 수 있습니다. 그래서 저는 몇몇 사람들의 이야기를 들려주고 싶습니다. 우리가 알지 못하는 많은 사람도 비슷한 고초를 겪고 있을 것입니다. 우리 교회에는 헥터Hector라는 아주 특별한 형제가 있습니다. 그는 수력 발전 댐 건설 과정에서 토착민 집단과 함께하며 그들의 권리를 옹호하는 활동을 했습니다. 그 일 때문에 겨우 스물세 살 나이에 고문을 당했습니다. 결국 그는 나라를 떠나야 했고, 현재도 몸이 떨리는 고문 후유증을 겪으며 고통받고 있습니다. 약 20년 동안 콜롬비아를 떠나서 지내다가 이번 정부가 들어서면서 비로소 귀국할 수 있었습니다.

크리스티나 바우티스타Cristina Bautista는 2019년에 살해당한 환경 운동가입니다. 그녀는 이런 말을 남겼습니다. "우리가 침묵하면 그들은 우리를 죽입니다. 우리가 말해도 그들은 우리를 죽입니다. 그러니 말합시다." 그녀가 속한 나사Nasa 토착민 공동

크리스티나 바우티스타는 2019년에 살해당했습니다.

"우리가 침묵하면 그들은 우리를 죽입니다.
우리가 말해도 그들은 우리를 죽입니다. 그러니 말합시다."

체는 지난 수년간 그리고 현재도 죽음의 위협을 가장 많이 받는 공동체입니다. 그들을 위협하는 요소에 대해 당국에 계속 신고했지만, 도시에서 멀리 떨어진 고립된 지역이라 정부 기관이 개입하기가 어렵고 보호받지 못하는 취약한 상태가 지속되고 있습니다.

다음에 소개하고 싶은 사람은 현재 콜롬비아의 부통령인 프란시아 마르케스 Francia Márquez 인데, 그녀는 환경 보호 활동가였습니다. 그녀는 자신의 지역에서 환경 보호 활동가로서의 공로를 인정받아 골드만상 Goldman Award 을 수상했습니다.

청소년인 프란시스코 베라Francisco Vera도 있습니다. 그는 아주 어린 시절부터 환경 보호 활동을 시작했습니다. 아주 논리적이고 말솜씨가 뛰어납니다. 그는 11세 때 인터넷에서 살해 협박을 받았습니다. 그는 소셜 미디어에서 매우 활발하게 활동하고 있으며, 협박을 너무 많이 받아 가족과 함께 나라를 떠나야 했습니다. 지금은 유럽에서 활동을 이어 가고 있습니다.

　　우리가 긴밀하게 협력해 온 비정부기구의 사무국장인 에스페란자Esperanza 씨도 있습니다. 그녀도 많은 협박을 받았습니다. 그녀는 특정한 상황을 고발하는 활동을 해 왔습니다. 청량음료 회사들에게 설탕 함유량을 줄이도록 촉구하는 것과 같은 일입니다. 그녀는 살해 위협을 받았고 매우 조심스럽게 이동해야 하는 상태에 있습니다.

　　마지막으로는 살해당한 환경 보호 운동가의 가족입니다. 그들은 살던 곳을 떠나서 수 개월간 머물렀습니다. 그러나 비정부기구와 정부가 제공할 수 있는 지원은 한계가 있었고, 식량이 점점 부족해져서 다시 살던 곳으로 돌아가야만 하는 처지에 있습니다. 그들은 살던 곳으로 돌아가게 해 달라고 요청하고 있지만, 너무나 위험하며 모든 상황이 복잡하고 해결하기 어려운 것이 현실입니다.

　　저는 이런 사람들의 마음을 전달하는 말로 마무리하고자 합니다. 그들은 이렇게 말합니다. "저는 두렵습니다. 그들이 내

가족, 내 친구, 내 직장 동료를 죽일 겁니다. 공포와 혼란과 이주와 결핍이 기다립니다. 하지만 누군가는 이 일을 해야 합니다. 누군가는 목소리를 높여야 합니다." 환경 보호 운동가들은 폭력과 협박과 살해를 직면하고 있습니다. 그러면 우리는 어떻게 해야 할까요? 어떻게 이런 상황에 대응해야 할까요? 이것은 저와 많은 사람이 아직 답을 찾고 있는 물음입니다.

인터뷰

Q 우리가 소식을 듣거나 듣지 못하는 이 지도자들이 처한 상황에 교회는 어떻게 대응할 수 있을까요? 콜롬비아 안팎에서 우리는 어떻게 이런 문제에 대응하고 그들을 도울 수 있을까요?

훌리아나 모리요 | 네, 몇 가지 방법이 있습니다. 먼저 기도해 주십시오. 환경 운동가들의 피살 사건이 효과적으로 예방되고 줄어들 수 있도록, 공동체들과 그 지도자들에게 힘과 용기를 주시고 그 가족들을 보호해 주시도록 기도해 주십시오. 하나님이 우리로 하여금 편안함에 머물러 있거나 절망에 휩쓸리지 않고, 땅에 대한 권리를 지키는 환경 운동가로서 굳건히 서도록 도와주시기를 기도해 주십시오. 또한 이

주해야 하는 사람들과 그 가족들에게 평안과 지혜를 주시고, 정의가 승리할 수 있도록 기도해 주십시오. 가해자와 다른 사람들을 위해서도 기도할 수 있습니다. 그들이 태도를 바꾸고 다른 이들을 존중하며, 자신들의 이익만 생각하거나 정부로부터 자신들의 혜택만 챙기려는 것을 멈추도록 기도해 주십시오.

우리 정부는 의지가 있지만, 현실적으로 상황이 복잡하고, 관련법을 집행할 수 있는 역량이 부족합니다. 최근에 콜롬비아 정부는 라틴아메리카 지역 협정인 에스카수 협정 Escazu Agreement에 서명했는데, 이 협정에는 환경 보호 활동가들을 보호한다는 조항이 포함되어 있습니다. 하지만 서명에서 실제 이행까지 가는 길은 멀기만 합니다. 그래서 우리는 보호 조치가 제대로 시행되고, 위협과 살인이 근절되고, 피해를 입힌 사람들을 정의의 심판대에 세우기 위해 노력해야 합니다. 기업과 금융 기관이 토착민 공동체들과 환경과 활동가들을 존중하고, 교회는 이 상황에 연민을 가지고 반응할 뿐 아니라 하나가 되어 이 불의와 싸우는 일을 통해 교회가 할 수 있는 역할을 해야 합니다.

한 가지 이야기를 더 해 드리겠습니다. 우리 공동체의 한 형제는 다른 나라에 피난해 있는 동안 정말 많은 도움을 받았습니다. 저는 우리가 이런 상황에 처한 사람들을 알고 있다면 그들과 함께하는 것이 중요한 역할이라고 생각합니다. 그것이 바로 연대입니다. 토착민 이주와 관련한 사례도 있습니다. 예를 들어 콜롬비아에서 토착민 공동체가 대규모로 이주했는데, 그들은 콜롬비아 수도 보고타의 한 국립공원에서 3-4년 정도 머물렀습니다. 그들의 땅에서는 보호를 받을 수가 없었기 때문에 항의하는 의미로 그렇게 했던 것입니다. 그들은 최근에 다른 곳으로 이주했습니다. 그들이 머무는 동안 교회는 그곳에서 그 공동체와 함께하며 중요한 도움을 주었습니다. 우리는 이처럼 다양한 방법으로 그 사람들과 연대할 수 있고, 기도와 지원을 통해 그들을 도울 수 있습니다.

Reply

- 우리가 외면하는 사이에 창조세계와 그 속 생명들은 탄식하며 몸서리치고 있습니다. 그들의 탄식을 먼저 듣고 앞서서 회복을 돕던 성도들도 자기 이익만 좇는 이들에게 목숨을 위협받으며 두려움에 떨고 있습니다.

베니타 시몬은 남편 제이슨과 두 돌이 채 안 된 아들 아왈야와 함께 한국을 방문했습니다. 포럼 참가자 중에 유일한 다음 세대였던 아왈야의 빛나는 미소는 국적을 뛰어넘어 모든 이들에게 기쁨을 주었습니다. 하지만 우리의 죄악으로 인해 아이가 맞이할 암울한 미래를 생각하자 애통함도 함께 찾아왔습니다. 우리에게는 다음 세대의 미래를 빼앗을 권리가 없습니다. 그것을 주시는 분은 하나님이시기 때문입니다.

훌리아나는 남미 친구들 이야기를 들려주며 계속해서 울었습니다. 마치 누군가의 눈물을 대신 흘리는 것 같았습니다. 맞습니다. 그들을 바라보시는 아버지의 눈물이 있습니다. 결국 우리는 모두 그 눈물 안으로 젖어 들었습니다.

하지만 베니타의 두려움 속에도, 훌리아나의 애통함 속에도 하나님은 함께하시며 그들을 홀로 두지 않으셨습니다. 베니타는 하나님이 이미 사람들을 움직이고 계신다고 증언하면서, 그녀와 함께 헌신한 이들을 소개했습니다. 훌리아나는 하나님이 자신과 친구들에게 주신 진정한 용기와 창조세계를 향한 사랑을 보여 주었고, 저도 그녀를 통해 목숨을 걸고 자신의 신앙과 신념을 위해 싸우는 이들을 위해 기도할 수 있었습니다.

애통합시다. 우리 눈앞의 부서진 창조세계를 위해 애통합시다. 그 안에서 고통받는 생명들을 위해 애통합시다. 그 생명들을 돌보려고 애쓰는 이들과 함께 애통합시다.

Q 창조세계가 탄식하는 소리를 어디에서 들을 수 있나요? 우리 주변에서 그 소리를 발견한 적 있었나요? 어떤 탄식이었나요?

Q 그 탄식을 듣고는 마음이 어땠나요? 안타깝고 애통하는 마음이 든 적이 있었나요? 괜찮습니다. 지금은 그 마음만으로도 충분합니다.

Q 바쁘고 한눈팔 새 없는 우리 일상은 주변의 소리를 차단합니다. 오로지 자신만의 문제에 전념하도록 우리를 유인합니다. 그래도 잘 살까 말까한 세상이라고 속삭입니다. 그래서 우리는 기후 위기 문제나 창조세계의 신음에 선뜻 귀 기울이지 못합니다. 어쩌면 이것이 가장 큰 문제인지 모릅니다. 왜 '그들의 문제'는 우리의 문제가 되지 못할까요? 탄식하는 이들과 함께 애통하기 위해 우리가 해야 할 일이 무엇인지 생각해 봅시다.

이스라엘 자손아, 주님의 말씀을 들어라. 주님께서 이 땅의 주민들과 변론하신다. "이 땅에는 진실도 없고, 사랑도 없고, 하나님을 아는 지식도 없다. 있는 것이라고는 저주와 사기와 살인과 도둑질과 간음뿐이다. 살육과 학살이 그칠 사이가 없다. 그렇기 때문에 땅은 탄식하고, 주민은 쇠약해질 것이다. 들짐승과 하늘을 나는 새들도 다 야위고, 바다 속의 물고기들도 씨가 마를 것이다." (호세아 4:1-3)

✟

하나님 아버지, 인간의 끔찍한 자기중심성으로 인해 땅이 슬퍼하고 애통하며, 그 안의 생명들이 애통하고, 그들을 돕는 하나님 백성의 눈에서도 눈물이 그치지 않습니다. 호세아 선지자의 말씀이 지금 이 시대에도 그대로 벌어지고 있다니 너무나 놀랍고 몸서리쳐집니다. 이 땅의 애통함으로 우리도 애통하며 기도합니다. 그 생명들의 부르짖음으로 부르짖습니다. 하나님 백성의 눈에 흐르는 하나님 아버지의 눈물을 우리 눈에 담습니다. 우리의 죄악을 우리의 포악함을 용서하여 주세요. 그들이 당하는 착취와 고통이 우리 손과는 아무런 상관이 없다고 말할 수 없습니다. 우리의 무지함을, 부서진 땅의 진실을 알리는 마음을 품지 못했음을 회개합니다. 우리에게 주신 말씀과 베니타와 훌리아나를 통해 들려 주신 이야기를 통해 우리에게 주신 마음을 우리 안에 새깁니다. 창조세계가 탄식하는 소리를 듣고 애통하는 이들처럼 우리도 애통함으로 기도하게 해 주십시오. 그 애통함이 우리 삶에도 구체적으로 드러나게 해 주십시오. 인애와 자비의 예수 그리스도의 이름으로 기도합니다. 아멘.

2주 예배

창조세계와 손잡고

Creation

🌿 둘째 주 예배는 토니 리나우도 선교사님과 함께 열리고 합니다. 토니는 신실한 선교사이자 '나무 농부'입니다. 하지만 저는 설교를 듣는 내내 그가 알라딘에 나오는 지니 같았습니다. 저를 마법 양탄자에 태워서, 어린 그가 바라보았던 호주의 벌거벗은 언덕 앞으로, 그를 '미친 백인 농부'라고 손가락질하던 1980년대 니제르로, 모세처럼 새로운 부르심을 들었던 덤불 나무 앞으로, 놀라운 회복이 일어났던 에티오피아로 데려갔습니다. 그러고는 하나님께서 순종하는 자신과 그 지역에 이미 심어 두신 재료들을 연결하여 어떻게 하나님 나라를 회복하고 선교 사역을 이루셨는지를 들려주었습니다.

우리는 그 증언을 통해 그의 삶 깊은 곳에서 일하시는 하나님을 발견할 수 있습니다. 또한, 우리가 살아가는 이 땅과 그에 속한 모든 것을 하나님 나라의 일부로 여기게 되고, 그 안에서 이미 일하고 계신 하나님을 발견하고는 반갑게 맞아들일 수 있습니다.

🎤 **토니 리나우도**

미친 백인 농부

길가에서 한 늙은 거지가 큰 소리로 외칩니다. "불쌍한 저를 도와주세요! 불쌍한 저를 도와주세요!" 유독 그날의 행인들은 관대하지 않았습니다. 점심 무렵, 거지는 낙심했고 피곤함을 느꼈습니다. 그가 짐을 챙겨서 집으로 돌아가려고 하는데 소란스러운 소리가 들려왔습니다. 나팔과 군중의 소리였습니다. 그의 마음이 흥분되기 시작했습니다. 이 소리가 의미하는 것은 바로 한 가지, 술탄의 행차입니다. 술탄이 아마도 바로 그의 앞을 지나가실 모양입니다. 그는 마음이 급해지기 시작했습니다. 속으로 이렇게 생각했습니다. '어쩌면 그가 나를 불쌍히 여겨 곡식 한 자루나 새 옷이나 돈을 주실지도 몰라.' 정말 잠시 후 술탄이 가까이 왔고, 바로 그 거지 앞에서 발걸음을 멈추었습니다. 그의 심장은 더 크게 뛰었습니다. 그런데 술탄은 그에게 무언가를 주는 대신 질문을 했습니다. "네 그릇에 무엇이 있느냐? 나에게 가져오거라. 나에게 좀 다오." 그의 마음은 흥분에서 두려움으로 바뀌었습니다. 술탄의 말을 거역할 수 없었습니다. 주저하며 그는 그릇에 있는 곡식을 뒤적여 세 알을 꺼냈습니다. 깨진 것, 곰팡이 핀 것, 상한 것, 그렇게 세 알이었습니다. 그 곡식 세 알을 술탄에게 주었습니다.

술탄은 "아주 고맙다"라고 말하며 보석 주머니를 꺼내서 뒤적이더니 금이 간 것, 흐릿한 것, 쓸모없이 깨진 것, 그렇게 세 알을 거지에게 주었습니다. 거지는 크게 실망하며 자신을 탓했습니다. "아, 술탄에게 최고의 곡식을 바쳤더라면! 아니 나의 모든 곡식을 다 바쳤더라면!" 이 이야기에 나오는 술탄과 거지는 누구를 가리킬까요? 술탄은 우리를 사랑하시는 하늘 아버지를 나타냅니다. 하나님은 창조세계라는 선물을 우리에게 주시고, 또 주시기를 원하며, 이를 통해 우리에게 복을 내리십니다. 거지는 받고 또 받지만 결코 아버지께 돌려 드리지는 않는 인류를 나타냅니다. 우리는 창조세계가 더 이상 우리의 필요를 충족해 줄 수 없으며, 지구에 사는 생명체들을 적대할 수 있다는 사실을 알아차려야 합니다. 우리가 경험하고 있는 폭염, 폭풍, 홍수, 가뭄 같은 것들이 바로 그런 일들입니다. 저는 창조의 순간에 하나님이 무슨 생각을 하셨을지 궁금합니다. 다음 말씀을 보겠습니다.

주님께서 일을 시작하시던 그 태초에, 주님께서 모든 것을 지으시기 전에, 이미 주님께서는 나를 데리고 가셨다. 영원 전, 아득한 그 옛날, 땅도 생기기 전에, 나는 이미 세움을 받았다.… 주님께서 하늘을 제자리에 두시며, 깊은 바다 둘레에 경계선을 그으실 때에도, 내가

> 거기에 있었다.… 땅의 기초를 세우셨을 때에, 나는 그분 곁에서 창조의 명공이 되어, 날마다 그분을 즐겁게 하여 드리고, 나 또한 그분 앞에서 늘 기뻐하였다. 그분이 지으신 땅을 즐거워하며, 그분이 지으신 사람들을 내 기쁨으로 삼았다(잠언 8:22-31).

이 말씀에 나오는 '나'는 일인칭으로 말하는 지혜입니다. 여기서 지혜는 그리스도를 미리 나타낸 예표입니다. 따라서 우리는 예수님이 창조를 즐거워하시고 인류를 기뻐하시는 장면을 보고 있는 것입니다. 또 다음 말씀을 보겠습니다.

> 내가 땅의 기초를 놓을 때에 네가 거기에 있기라도 하였느냐? 네가 그처럼 많이 알면, 내 물음에 대답해 보아라. 누가 이 땅을 설계하였는지 너는 아느냐? 누가 그 위에 측량줄을 띄웠는지 너는 아느냐? 무엇이 땅을 버티는 기둥을 잡고 있느냐? 누가 땅의 주춧돌을 놓았느냐? 그날 새벽에 별들이 함께 노래하였고, 천사들은 모두 기쁨으로 소리를 질렀다(욥기 38:4-7).

창조의 순간에 새벽별들이 기뻐하며 노래를 부르고 있었습니다. 새벽별이 정확히 무엇인지는 잘 모르지만, 평균 크기의 은

하계 한 개에는 약 1억 개의 별이 있고, 우주에는 약 2조 개의 은하가 있다고 합니다. 그러므로 이것은 조그만 합창단의 연습 시간은 아니었던 것 같습니다. 아주 큰 소리가 울려 퍼졌을 것입니다. 모든 천사가 기쁨의 함성을 질렀습니다. 사도 요한은 천사의 수가 적어도 수천수만이었다고 말했습니다(요한계시록 5:11). 이 장면을 이해하시겠습니까? 하나님의 창조를 축하하는 잔치는 차를 마시며 정원을 거니는 얌전한 영국식 정원 파티와 거리가 멀었습니다. 창조 때의 모습은 축구 시즌을 우승한 팀이 서로 얼싸안고 발을 구르며 소리를 지르는 장면에 더 가까웠을 것입니다. 모두가 나와서 하나님의 창조세계에 대해 놀라운 환호성을 지르며 축하하는 모습을 상상해 보십시오. 오늘날 하나님의 창조세계를 파괴하는 인류의 행동들을 보면서 저는 하나님이 이 일을 어떻게 지켜보고 느끼고 계실지 궁금합니다. 천사들의 기뻐 외치는 소리가 들리지 않는다는 사실은 자명합니다. 이 모든 상황에서 하나님 백성은 무엇을 하고 있습니까? 우리는 자주 침묵할 뿐만 아니라, 생활 방식, 쓰레기 배출, 투자를 통해 이런 파괴를 지원하고 있습니다. 하나님의 창조세계를 파괴하는 것에 대한 의로운 분노는 어디에 있습니까? 2010년에 열린 제3차 로잔대회의 케이프타운 서약에는 다음과 같은 말이 있습니다.

모두가 나와서 하나님의 창조세계에 대해
놀라운 환호성을 지르며 축하하는 모습을
상상해 보십시오.

> "땅과 그 안에 가득 찬 것이 모두 다 주님의 것이다." 이 땅은 우리가 사랑하고 복종한다고 말하는 하나님의 소유물이다. 간단히 말하면, 이 땅이 우리가 주님이라 부르는 그분께 속해 있기 때문에 우리는 이 땅을 돌본다. (7.A)

제가 어렸을 때 친구들과 놀던 곳에는 나무, 언덕, 계곡의 시내들이 있었습니다. 그곳에서 저는 행복한 어린 시절을 보냈습니다. 오늘날의 저를 형성하고 지금 제가 하는 일을 하도록 만든 중요한 사건들이 있습니다. 먼저는 제가 그토록 좋아한 숲이 불도저로 밀려 나간 일입니다. 가파른 언덕이 수년 동안 벌거벗겨진 채 방치되었습니다. 침식이 일어났고, 동식물이 사라지고, 계곡물은 흙탕물이 되었습니다. 우리가 수영하고 낚시하며 물을 마시던 강으로 맹독성 살충제인 DDT가 흘러들었습니다. 그래서 저는 분노에 찬 어린아이가 되었습니다. 어느 날, 저는 풍요로운 환경에서 태어나 필요한 모든 것을 가진 우리와 달리, 어떤 아이들은 자신의 잘못도 아닌데 배고픈 채 잠자리에 들 수밖에 없는 현실을 마주하게 되었습니다. 저는 화가 났으나 곧 좌절감에 빠졌습니다. 어린아이는 목소리를 낼 수 없었기 때문입니다. 왜곡된 것처럼 보이는 어른들의 세상을 바꿀 방법을 알 수 없었습니다.

다행스럽게도 제 인생에 큰 영향을 끼친 한 사람이 있었습니다. 바로 제 어머니입니다. 신앙심이 매우 깊었던 어머니는 저에게 창조세계를 이해할 수 있는 관점을 삶으로 가르쳐 주셨습니다. 인생에는 재정적 안정보다 더 중요한 것이 있습니다. 우리 모두 형제자매를 지키는 사람들입니다. 우리는 우리보다 불우한 상황에 있는 사람들을 돌볼 의무가 있으며, 하나님의 창조세계를 돌볼 의무가 있는 청지기들입니다. 그래서 어떻게 해야 할까요? 저는 우리 모두가 할 수 있는 한 가지 일을 했습니다. 먼저 기도했습니다. "하나님, 저를 사용해 주세요. 어디선가 꼭 필요한 변화를 일으킬 수 있게 해 주세요." 그 기도가 오늘까지 이어진 제 여정의 출발점이었습니다. 저는 대학에서 농업을 공부했고, 그 시절부터 매일 아침 하나님의 말씀을 읽는 습관을 갖게 되었습니다. 때때로 수많은 의문에 시달리기도 했습니다. '시골뜨기가 무얼 할 수 있다는 거야? 도대체 네가 세상에 무슨 변화를 일으킬 수 있겠니?' 그럴 때마다 저는 하나님 말씀에서 용기를 얻었습니다.

> 우리 주 예수 그리스도의 아버지이신 하나님을 찬양합시다. 하나님께서는 그리스도 안에서, 하늘에 속한 온갖 신령한 복을 우리에게 주셨습니다. 하나님은 세상 창조 전에 그리스도 안에서 우리를 택하시고 사랑

해 주셔서, 하나님 앞에서 거룩하고 흠이 없는 사람이 되게 하셨습니다. 하나님은 하나님의 기뻐하시는 뜻을 따라 예수 그리스도를 통하여 우리를 하나님의 자녀로 삼으시기로 예정하신 것입니다. 그래서 하나님이 하나님의 사랑하시는 아들 안에서 우리에게 거저 주신 하나님의 영광스러운 은혜를 찬미하게 하셨습니다(에베소서 1:3-6).

여러분과 저는 태어나기도 전부터, 우주가 창조되기도 전부터, 하나님의 마음속에 있었습니다. 하나님은 우리 각각의 삶을 위한 계획을 가지고 계셨습니다. 이 구절을 통해 저는 비록 내일 무슨 일이 벌어질지 알지 못하더라도 하나님은 이미 알고 계신다는 사실을 확신하게 되었습니다. 오늘을 살 만큼의 용기와 믿음만 있다면, 내일은 하나님 손에 맡길 수 있음을 배우게 되었습니다. 그런 믿음 덕분에 대학교를 졸업할 수 있었고, 아프리카에서 17년을 살면서 의심과 실패, 반대와 불가능한 도전, 질병의 터널을 통과할 수 있었습니다. 저는 늘 이렇게 기도했습니다. "이런 것들을 누가 감당할 수 있습니까? 나는 불가능합니다. 그러나 하나님, 당신에게는 계획이 있습니다. 우리를 도와주세요. 무엇을 해야 할지 알려 주세요." 이 이야기를 나누고 싶었던 이유는 이 자리에 있는 우리 중에도 문제에 압도당한 사람들이 있을 것이기 때문입니다. 우리는 끔찍한 기후 변화와 앞으로 다가올 미래를 생각하며 자신에 대한 의심에 빠질 수 있습니다. 수많은 동식물 종이 사라지고 환경 문제는 점점 심각해지고 있습니다. 그러나 용기를 냅시다. 이것은 우리에 관한 것이 아니며, 우리가 할 수 있고 없고의 문제가 아닙니다. 이것은 하나님에 관한 것입니다. 하나님의 능력과 하나님이 우리를 통해 무엇을 할 수 있는지에 관한 문제입니다. 저는 대학생 시절에 아내를 만나 지금까지 동반자로서 사랑의 수고를 함께 해 오고 있습니다. 우리는 수단내지선교회Sudan Interior Mission, 현재 SIM에 합류했고 서아프리카 내륙국인 니제르공화국으로 파송받았습니다. 니제르는 세계에서 가장 가난한 나라 중 하나이고, 극심한 사막화로 고통받고 있었습니다. 돌이켜 보면 기후 변화의 영향 때문인 것 같습니다. 생태계가 생명을 겨우 지탱하며 붕괴되기 직전인 환경 속으로 이십 대 청년들이 갑자기 던져졌습니다. 그러나 그런 파괴는 저의 짧은 생애 동안 일어난 일이었습니다. 20년 전 그곳은 생물다양성이 풍부한 건조지 숲이었고, 야생 동물과 샘이 있었고, 개간 지역에는 비옥한 농경지가 있었습니다. 그러나 이 모든 것이 20년이라는 짧은 기간에 황폐하게 변해 버렸습니다.

 환경 파괴에는 대가가 따릅니다. 가뭄의 빈도가 잦아지고 심각성은 커졌고, 토양 양분이 상실되었고, 기아와 이주가 발생했습니다. 생물다양성이 사라지면서 비가 많이 내리는 해에도 굶주림은 해소되지 않았습니다. 해충이 폭발적으로 증가하여 농사를 망쳤기 때문입니다. 해충을 통제할 수 있는 생물다양성이 없었기 때문입니다. 저에게 니제르는 하나의 모순처럼 보였습니다. 그 모습이 우리가 하나님의 창조세계를 떠올릴 때 상상하게 되는 하나님의 풍요로움, 풍성함, 모든 필요를 공급해 주시는 하나님의 섭리와는 정반대였기 때문입니다. 베드로전서 1장 3절은 이렇게 말합니다. "하나님께서는, 우리가 그를 앎으로 말미암아 생명과 경건에 이르게 하는 모든 것을, 그의 권능으로 우리에게 주셨습니다. 하나님은 우리를 부르셔서 그의 영광과 덕을 누리게 해 주신 분이십니다." 이 구절은 우리 삶에 필요한 모든 것, 곧 육체적 필요와 경건에 필요한 영적 필요를 하나님이 공급하신다고 말씀합니다. 그러나 저는 생각했습니다. '정말 그런가요, 주님? 혹시 그 구절을 쓰게 하실 때 니제르는 잊으셨나요?'

　니제르에 오래 살면서 우리는 과거에는 있었지만 지금은 사라진 것들을 발견했습니다. 그리고 창조세계와 맞서 싸우고 그것을 파괴하는 대신, 창조세계와 지속 가능한 방식으로 함께 일하는 방법을 발견했습니다. 실제로 니제르에서조차 이 말씀은 사실이었습니다. 하나님은 우리에게 필요한 모든 것을 제공하셨습니다. 저는 삼림 파괴가 이러한 모든 문제의 근본 원인 중 하나라면 해결책은 생각보다 간단해야 한다고 생각했습니다. 나무들을 땅에 돌아오게 하는 것입니다. 젊은 시절에 우리는 환상에 사로잡혀 세상 모든 문제를 당장 해결할 수 있다고 생각했습니다. 그런 일은 일어나지 않습니다. 노력하지 않았기 때문이 아닙니다. 저는 매뉴얼을 공부했고 전문가의 조언을 구했으며 실험을 했습니다. 그런데 어떤 해결책도 지속 가능하거나 경제적으로 실행 가능하지 않았습니다. 우리가 심은 나무는 80퍼센트 이상이 죽어 버렸습니다. 설상가상으로 우리가 도와주러 간 바로 그 사람들이 저를 미친 백인 농부라고 불렀습니다. "이 사람은 우리가 배가 고픈 줄 모르나? 우리는 나무에 관심이 없어. 오늘 당장 배가 고프다고!"

어느 날 아침, 말씀 묵상 중에 읽은 다음 구절이 마음에 와 닿았습니다. "주님께서 주님의 영을 불어넣으시면, 그들이 다시 창조됩니다. 주님께서는 땅의 모습을 다시 새롭게 하십니다"(시편 104:30). '이것이 중요하다, 토니야. 이 구절을 깊이 묵상해 보아라' 하는 음성이 들리는 것 같았습니다. 그러나 참을 줄 모르는 토니는 서둘러 밖으로 달려 나갔습니다. 그날은 달 표면처럼 황량한 땅을 지나가게 되었습니다. 차를 세우고 내려서 사방을 둘러보았습니다. 눈에 띄는 식물이 하나도 없었습니다. 땅이 너무 딱딱하여 주차장으로 사용하기에 알맞을 정도였습니다. 기분이 상해서 차로 돌아갔습니다. '이것은 돈 낭비이고 시간 낭비야. 이 문제를 해결하려면 얼마나 많은 돈이 들까? 어쩌면 해

결할 수 없는 문제일지도 몰라.'

　그런데 차에 막 오르려고 할 때 땅에 갈라진 작은 틈이 눈에 들어왔습니다. 콘크리트 같은 땅을 밀어내며 싹이 하나 올라오고 있는 것을 발견했습니다. 저는 아침에 읽은 말씀을 기억하고 이렇게 말했습니다. "그래, 하나님은 잃어버린 인류를 구하고 깨어진 삶을 치유하시는 일만 하시는 게 아니야. 지구 표면을 새롭게 하고 회복하는 일도 하고 계셔." 저는 이것이 하나님의 일이라는 사실을 깨닫고 큰 용기를 얻었습니다. 어떤 의미에서 저는 저의 능력과 지혜로 문제를 해결하려고 고민해 왔었는데, 이것은 하나님의 일이고, 만일 하나님의 일이라면 우리는 모든 부분에서 하나님께 간구할 수 있습니다. 무엇을 해야 할지, 어떻게 해야 할지 통찰과 지혜를 얻을 수 있으며, 닥쳐올 반대에 대해서도 인내와 용기를 공급받을 수 있습니다. 그것을 깨닫는 순간 커다란 짐이 제 어깨에서 옮겨지는 것 같았습니다.

　그렇다고 해도 여전히 해결책은 보이지 않았습니다. 얼마 지나지 않은 어느 날 묘목을 가득 실은 차를 몰고 마을로 가는 길에 타이어 공기압을 낮추기 위해 잠시 멈추었습니다. 모래가 많은 땅을 달릴 때는 공기압을 줄이지 않으면 차가 모래에 빠져 버립니다. 동서남북을 둘러보았습니다. '얼마나 많은 돈을 쏟아부어야 할까? 얼마나 긴 세월이 걸릴까? 얼마나 많은 사람이 달려들어야 이 황폐한 땅에 조그마한 변화라도 가져올 수 있을까?' 희망이 없어 보였습니다. 그러나 소년 시절의 기도를 떠올리며 생각했습니다. '하나님은 실수하지 않으신다. 반드시 해결책이 있을 거야.' 그래서 저는 하나님께 큰 소리로 외쳤습니다. "하나님, 당신의 선물인 창조세계를 파괴한 것을 용서해 주십시오. 그 결과로 사람들이 고통을 겪고 있습니다. 굶주림과 가난이 있습니다. 침대에서 일어나는 것이 두려울 정도입니다. 그들은 날마다 어떤 재앙이 닥칠지 몰라 두려워합니다. 그러나 우리는 당신의 자녀들입니다. 당신은 우리를 사랑하십니다. 우리가 무엇을 해야 할지 보여 주십시오. 우리 눈을 열어 주십시오."

전에도 기도하지 않았던 것은 아니지만, 이 참회 기도는 아주 중요한 전환점이 되었습니다. 과연 우리가 오늘날의 기후 변화, 환경 파괴의 흐름을 되돌릴 수 있을까요? 혹시 그 일을 위해서 하나님 백성이 먼저 우리의 의무를 저버린 것에 대해 고백하고 겸손하게 용서를 구해야 하는 것은 아닐지 생각해 봅니다.

그 기도 후에, 저는 저 멀리에 있는 쓸모없어 보이는 덤불 하나를 발견했습니다. 순간 그 덤불이 마치 저를 부르는 것 같은 느낌이 들었습니다. 지난 2년 반 동안 거의 매주 이 길을 지나다녔습니다. 그러나 처음으로 멈추어서 덤불을 자세히 살펴보았습니다. 식물의 잎 모양을 자세히 보면, 마치 사람들의 서명처럼 종류마다 모두가 독특합니다. 자세히 보니 그것은 덤불도, 잡초도 아니고, 나무였습니다. 그 순간 모든 것이 바뀌었습니다. 저는 그곳에 충분히 오래 머물렀기 때문에 그 주위에 이런 덤불 같이 생긴 나무가 수백만 그루가 있다는 것을 발견했습니다. 기도 응답이었습니다. 바로 이것이 해결책이었습니다. 그곳에 나무가 있었는데 매년 가지가 다시 올라오면 농사를 짓기 위해 그 가지를 잘라서 사용했던 것입니다. 그래서 아무도 그곳에 숲이 있다는 것을 알지 못했습니다. 우리는 묘목을 심을 필요가 없었습니다. 숲이 이미 거기에 있었고, 그 숲은 보호와 양육만 필요했습니다. 저는 이것을 땅속의 숲이라고 부릅니다. 지구상의 어떤 광대한 지역에는 이런 숲이 존재합니다.

    제 경험으로는 과거에 숲이 있었던 곳이라면 어디든, 적어도 이론적으로는, 그 숲의 남은 것을 되살려 다시 숲을 만들 가능성이 있습니다. 제가 그것을 땅속의 숲이라고 부르는 이유는, 나무를 베고 남은 그루터기의 경우 대부분의 종이 죽지 않기 때문입니다. 그래서 그들은 수분과 영양분을 끌어오고 당분을 저장해 둔 거대한 뿌리 시스템을 가지고 있으며, 그 시스템은 우리가 제대로 작동하도록 제약 조건을 제거해 주면 다시 자라날 수 있는 엄청난 잠재력을 이미 가지고 있습니다. 우리가 지속적인 방목, 베기, 밭갈이, 태우기 등의 제약 조건을 제거하면, 하나님의 피조물은 스스로 치유하는 능력을 발휘합니다. 하나님은 피조물 속에 그런 능력을 심어 두셨습니다.

    그래서 저는 기술적·재정적·생물학적 해결책을 찾는 접근법에서 벗어나 사회적·영적 접근법으로 전환하게 되었습니다. 만일 하나님의 창조세계에 대해, 그리고 그들의 농지에서 자라는 나무의 가치에 대해 사람들이 잘못된 신념을 가지고 있다면, 그리고 그 신념들이 하나님의 창조세계에 대한 부정적인 태도와 파괴적인 행동을 낳아 왔다면, 바로 그 부분이 우리가 일해야 할 영역입니다. 그래서 저는 사람들의 마음을 다시 푸르게 하는 일을 하고 있습니다. 또한 저는 우리가 직면한 기후 위기, 환경 위기는 일차적으로 죄가 초래한 위기라고 강력하게 주장하고 싶습니다. 우리가 죄의 문제를 다루지 않고 가장자리에서 기술적이고 재정적인 해결책만을 만지작거린다면 이 문제들과

> 저는 사람들의 마음을
> 다시 푸르게 하는 일을 하고 있습니다.

제대로 싸우지 못할 것입니다.

그래서 우리는 지역 농부들과 함께 일하기 시작했습니다. 이것은 긴 이야기이므로 간략히 언급하겠습니다. 불과 몇 달 만에 변화가 일어나기 시작했습니다. 덤불처럼 보이던 것 위로 올라가서 싹과 가지 일부만 남기고 과도하게 많았던 다른 싹을 쳐냈습니다. 그래서 공기와 빛과 더 많은 양분이 몇 군데로 집중되게 만들었습니다. 그러자 쓸모없는 덤불이 싹 트는 나무처럼 보이기 시작했습니다. 이후로도 많은 일이 있었지만, 결국 사막의 나라에 20년 동안 매년 25만 헥타르 면적에 나무가 자라는 혁명의 시작이 되었습니다. 20년이 흐른 뒤에는 농지에 심지도 않은 나무가 2억 그루나 자라 있었습니다.

그래서 1999년, 저는 월드비전World Vision에 합류했고, 우리는 이 복원 접근법을 30여 나라에 전파했습니다. 이제 저는 이 접근법을 수용한 나라들을 방문하는 특권을 누리고 있습니다. 위대한 변화가 일어난 것을 봅니다. 쇠락과 빈곤과 절망으로의 나선적 하락이, 회복과 상대적 번성과 희망으로의 나선적 상승으로 전환되었습니다. 이것은 창조세계와 함께 일했기 때문입니다. 더 나은 미기후micorclimate와 더 비옥한 토양이 생겨나며, 농부들이 더 다양한 작물과 동물을 기를 수 있게 되었습니다.

사실 저는 나무도 좋아하고 초록색도 좋아하지만, 제가 목격한 가장 위대한 변화는 희망의 회복이었습니다. 희망은 매우 강력합니다. 이처럼 간단한 해결책이 말 그대로 바로 당신 발앞에 놓여 있다고 생각해 보십시오. 당신이 사람들로 하여금 하나님이 그들에게 주신 것을 사용하는 능력만 길러 준다면, 사람들은 자신과 자기 자녀를 위해 원하는 미래를 만들어 갈 수 있게 됩니다. 희망이라는 요인이 아주 강력하게 작용하기 때문입니다. 이 접근법을 도입한 여러 나라에서 땅이 다시 수분을 공급받고, 샘이 되살아나고, 그 대지에 생명이 돌아오고, 사람들이 다시 번성하고 있습니다. 이런 일이 일어난 특별한 사례로서 에티오피아를 들 수 있습니다. 역사적으로 식량 원조에 의존해 왔던 이 나라는 6년간의 복원 작업 끝에 세계 식량 프로그램에 104톤의 곡물을 판매하게 되었습니다.

제가 이 나라들을 다시 방문하게 되었을 때, 그들은 자랑스러운 얼굴로 제 손을 붙잡고 말했습니다. "토니씨, 와서 우리가 해낸 일을 좀 봐 주십시오." 그리고 사람들은 노래하고, 박수 치고, 소리치고, 춤을 추었습니다. 우리가 조금 전에 성경에서 이런 장면을 읽지 않았습니까? 하나님의 창조세계와 손잡고 함께 일할 때, 우리는 이 땅에서 천국을 미리 맛보는 특권을 누리게 되는 것이 아닐까요? 저에게는 분명 그런 경험이었습니다.

그리스도인이 창조세계를 돌봐야 하는 이유를 저보다 더 뛰어나게 설명하는 분이 많겠지만, 저는 이 세 가지가 가장 두드러지는 이유라고 생각합니다. 첫째로, 창조세계는 하나님께 속한 것이며, 하나님께 중요한 존재입니다. 지구는 우리가 주님이라고 부르는 하나님의 소유입니다. 이것이 우리가 지구를 돌보아야 하는 가장 단순한 이유입니다. 지구는 우리가 파괴할 수 있는 대상이 아닙니다.

둘째로, 창조세계 파괴는 인간의 고통으로 이어집니다. 그러므로 우리는 이웃에 대한 사랑의 행위로서 창조세계를 돌봅니다. 배고픈 사람에게 먹을 것을 주는 일에 주저하는 교회나 교단은 거의 없습니다. 지구를 잘 돌보는 청지기가 됨으로써 우리는 기아의 가능성을 줄이고, 사람들을 빈곤에서 벗어나게 하며, 환경 재해의 위험을 줄일 수 있음을 알고 있습니다. 그러므로 당연히 그리스도인들은 환경 보호와 복원의 최전선에 있어야만 합니다.

셋째로, 하나님은 그분이 만드신 모든 것이 매우 좋다고 생각하셨기 때문입니다. 단지 좋다고 말씀하시지 않고 매우 좋다고 말씀하셨습니다. 우리는 창조세계가 본질적으로 좋은 것이기 때문에 돌봅니다. 창조세계는 기능적 가치나 경제적 가치와는 별개로 그 자체로 소중합니다. 제가 교회를 통해 경험한 것은, 사람들이 하나님의 사랑을 경험하는 것은 아주 구체적인 것들을 통해서라는 점입니다. 사람들의 믿음이 강해지는 것은 음식, 물, 안전, 밝은 미래를 위한 기도가 응답되는 것을 볼 때입니다. 그리스도인뿐만 아니라 타종교인들과 때로는 불신자들도 하나님이 창조세계를 통해 하신 일 때문에 하나님을 찬양합니다. 교회와 선교 단체는 사람들의 필요에 부응하는 일을 함으로써 존경을 받으며 사람들이 귀를 기울이게 하는 권리를 얻게 됩니다. 교회는 한때 가난했던 신자들이 풍족해져서 자유롭게 헌금할 수 있을 때 번성하게 됩니다.

니제르에 '농민주도 산림복원FMNR, Farmer Managed Natural Regeneration'을
적용한 결과, 황폐한 땅이 숲으로 바뀌었습니다.

Care

- 첫째 주 예배에서 보았듯이 루스는 창조세계 생명들의 탄식에 민감합니다. 토니가 아프리카와 아시아 여러 지역에서 땅속의 숲을 발견하고 회복하는 동안, 루스는 지구 반대편 중앙아메리카에서 탄식하는 강과 숲을 지키며 돌보았습니다. 시간이 흐르면서 그녀가 돌보았던 나무와 강들이 살아나 그녀를 돌보기 시작합니다. 결국 하나님 나라의 회복은 창조세계의 모든 생명과 동역하는 일입니다.

캄보디아에서 20년 넘게 복음을 전해 온 한정민 선교사는 또 다른 접근을 보여 줍니다. 창조세계를 지속 가능하게 하는 방법이 경제적으로도 효과적이고 모두를 살리는 선택이었습니다. 땅이 피폐해지고 그 안의 사람들도, 고유한 문화도 사그라들 때 하나님이 보내신 한 사람으로 인해 모든 것이 새로운 숨을 얻은 듯 살아납니다. 때로는 창조세계와 함께 일하는 방식이 더디고 좁은 길처럼 보여도 결국 모두를 살리는 유일한 길이 됩니다.

📍 **코스타리카 + 카사 아도베 + 루스 파디야 드보스트**

충분함과 과도함의 경계는?

첫째 주 예배에서 만나서 제 소개가 필요 없을지도 모르지만 그래도 간략하게 소개를 드리겠습니다. 저는 루스 파디야입니다. 코스타리카의 카사 아도베 공동체에서 살고 있고, 미국 미시간에 있는 웨스턴 신학교 Western Theological Seminary의 세계 기독교학 교수로도 활동하고 있습니다. 저의 창조세계 돌봄의 여정은 자연스럽게 삶과 공동체를 통해 확장되었으며, 나무를 돌보는 사역을 통해 공동체가 머무는 땅과 그 근처를 흐르는 강과 함께하는 삶을 더 잘 이해하게 되었습니다.

이와 관련한 이야기를 해 보겠습니다. 우리는 나무 없이 살 수 없습니다. 나무는 인간이 의존하는 생태계 전반에 걸쳐 중요한 역할을 합니다. 산소를 공급하고, 공기 질을 개선하고, 기후 변화의 영향을 완화하고, 물과 토양을 보존하고, 야생 동물을 지원합니다. 이런 사실은 설명할 필요도 없습니다. 성경에는 우리가 흔히 생각하는 것보다 나무에 대한 언급이 훨씬 많이 등장합니다. 예를 들어, 고대의 예언자 이사야는 하나님이 이루실 미래를 묘사하면서 이렇게 선포합니다. "너희는 기쁨으로 나아가며 평안히 인도함을 받을 것이요, 산들과 언덕들이 너희 앞에서 노래를 발하고 들의 모든 나무가 손뼉을 칠 것이[다]"(이사야 55:12).

  나무에 관한 두 가지 짧은 이야기를 들려 드리려고 합니다. 첫 번째 이야기는 중앙아메리카의 이야기이고 두 번째는 북아메리카의 이야기입니다. 저는 중앙아메리카와 북아메리카를 오가며 살고 있어서 북아메리카에 관해서도 말해 달라는 부탁을 받았습니다. 카사 아도베는 코스타리카에 있는 작은 지역의 비영리 단체이자 기독교 공동체이며, 우리의 모토는 '좋은 이웃이 되자'입니다. 국제환경보전단체 아로샤A Rocha의 협력단체가 되면서 우리는 우리가 함께해야 할 이웃에 인간과 비인간이 모두 포함된다는 사실을 깨닫게 되었습니다. 그래서 아이들과 노인, 지역 주민과 이주민들을 돌보는 것과 함께, 우리 동네를 흐르는 강도 돌보고 있습니다. 작은 온실을 운영하며 씨앗을 심어서 묘목으로 기르고, 그 나무들이 들에 옮겨 심을 수 있을 만큼 튼튼해질 때까지 돌보고 있습니다. 우리는 이웃과 손님들, 마을의 젊은이와 노인들을 모아 강둑으로 내려가 어린나무를 심고 물을 주고 돌봅니다. 지난여름에는 미시간주 앤아버의 고등학생들이 카사 아도베를 방문하여 나무 심기 행사에 참여했습니다. 이 학생들 중 두 명은 최근에 돌아가신 아버지를 추모하기 위해 나무를 심었습니다. 그 이후로 이 이야기는 다른 나무 심는 사람들에게도 전해졌고, 사람들은 와서 이 기념 나무가 자라는 모습을 살펴보기도 하고 새로 생겨난 숲의 상쾌함을 즐기기도 했습니다.

우리가 있는 곳은 녹지가 부족한, 노동자 계급이 주로 사는 동네입니다. 이곳에 도시 공원을 조성하려는 꿈을 꾸고 있습니다. 이를 위해 지역 및 주 정부에 필요한 허가와 지원을 요청하고 있습니다. 우리가 심은 나무들 사이에 새와 파충류가 집을 짓고 살고, 우리 이웃들이 하나님의 창조세계와 관계를 회복하게 되고, 이 강변의 숲을 함께 기르며 이 숲을 그들의 이웃으로 여기게 되는 날이 오기를 꿈꿉니다. 우리와는 수천 킬로미터 떨어진 미국에서도, 또 다른 비영리기관이 그곳 나무들을 돌보라는 하나님의 부르심에 함께 응답하고 있습니다.

카사 아도베가 묘목들을 기르는 동안, 창조정의사역회 Creation Justice Ministries는 150년에서 250년 동안 하나님의 창조세계의 일부로 지내 온 오래되고 성숙한 나무들을 보호하는 활동을 하고 있습니다. 이 나무들은 어린 나무들보다 훨씬 더 많은 탄소를 저장하고 있습니다. 창조정의사역회에 따르면 이 숲은 대기 중의 탄소를 제거하고 저장하는 데 필수적이며, 야생 동물을 보호하고 깨끗한 식수를 제공합니다. 또한 공기와 물을 정화하는 강력한 자연 공기 청정기이며, 수많은 생물의 보금자리이기도 합니다.

최근에 그들은 사람들을 모아 산림청에 강력하고 효과적

인 정책을 수립하여, 이 창조세계 공동체의 오래된 구성원을 안전하게 지켜 줄 것을 촉구하고 있습니다. 그들이 하는 일 중 하나는 사람들로 하여금 자신들이 숲과 이웃 관계를 맺고 있음을 깨닫도록 돕는 것입니다. 그러므로 코스타리카의 가난한 동네에서 흙을 만지는 손에서부터 미국 농무부 산림청에 정책을 제안하는 데까지, 예수님의 제자들은 나무를 돌보는 일에 힘쓰고 있습니다. 이 일을 통해 많은 사람들이 인간과 나무가 서로 의존하고 있음을 깨닫고, 하나님의 충만한 생명과 정의로운 통치가 가시화되기를 기대합니다. 비록 가는 길이 느리고 도중에 좌절할 수도 있지만, 우리는 확신을 가지고 앞으로 나아갈 것입니다. 우리는 하나님의 새로운 창조세계를 맞이하는 그날에 친구인 나무들과 함께 노래를 부르며 기쁨으로 손뼉을 치게 될 것을 믿습니다.

인터뷰

Q 제가 한 가지 질문을 드리겠습니다. 당신은 환경 정의가 통합적 선교의 표현이라고 생각하시는 것 같습니다. 이 부분을 조금 더 자세히 설명해 주시겠습니까?

루스 파디야 드보스트 | 네, 저희는 카사 아도베에서 정의와

창조세계 돌봄이 교차하는 부분에 대해 진지하게 고민해 왔습니다. 사실, 창조세계 돌봄에 대해 이야기하는 것이 때로는 너무 시혜적인 태도가 아닌가 하는 고민도 있습니다. 마치 창조세계가 저기 있고 자비로운 존재인 우리가 그곳에 내려가서 창조세계를 돌보는 것처럼 들리기 때문입니다. 이것은 정의의 문제입니다. 또한 복음의 문제입니다. 하나님이 우리 모두에게 원하시는, 하나님과 올바른 관계 속에 사는 삶과 관련한 문제입니다. 창조세계 돌봄은 하나님의 초기 계획의 일부입니다. 하나님이 예수 그리스도를 통해 가장 강력하게 보여 주신 것 중 하나는 우리가 올바른 관계 속에서 살아야 한다는 것입니다. 그것이 바로 정의라는 말의 의미입니다. 우리가 속해 있는 창조세계의 다른 부분과 올바른 관계를 맺으며 살아가기 위해, 우리는 그들을 내려다보지 말아야 합니다. 우리도 창조세계의 일부입니다. 올바른 관계와 정의 안에서 살아가는 것은 복음이 요구하는 삶이며, 결국 우리가 하나님의 세계에서 하나님의 선교에 참여하며 살아가는 삶입니다.

Q 강연을 들으면서 저는 당신이 마치 르네 파디야Carlos René Padilla의 통합적 선교에 관한 책들을 다시 쓰고 있는 것 같은 느낌을 받았습니다. 저는 당신에게 아버지 르네 파디야의

책들을 새로운 버전으로 다시 써 달라는 요청을 드리고 싶습니다. 저는 당신이 그 책들을 얼마나 많이 읽었는지를 알고 있습니다. 코스타리카의 나무 심기 프로젝트와 방금 말씀하신 창조정의사역회의 프로젝트가 르네 파디야가 기여했던 통합적 선교 관점에 어떤 부분을 더해 줄 수 있다고 생각하십니까?

루스 파디야 드보스트 | 사실, 저는 라틴아메리카 신학자회와 그 운동을 주도했던 르네 파니야와 사무엘 에스코바 J. Samuel Escobar Aguirre 등이 어느 시점부터 창조세계 돌봄에 대해 논의하기 시작했는지를 추적해 왔습니다. 그것은 정말로 아주 초기에 시작되었습니다. 에드 브라운 Edward Brown 씨가 1970년대에 그 주제로 강연하는 아버지의 모습을 담은 짧은 영상을 제게 보내 주기도 했습니다. 그 당시에 교회에서 그런 이야기를 하는 사람은 거의 없었습니다. 2010년 케이프타운에서 아버지는 사무엘과 함께 몇 분 동안 연단에 서게 되었는데, 그때 제기한 세 가지 주제 중 하나가 창조세계 돌봄이었습니다. 창조세계 돌봄은 창조세계 전체에서 하나님의 선교를 살아 내는 중요한 과제이며, 교회가 제대로 감당하지 못하고 있는 임무라고 주장했습니다. 그분들의 주장은 매우 일관됩니다. 이 일은 부가적인 일이 아니고 최근에 생

겨난 일도 아닙니다. 우리가 참여해야 할 하나님 선교의 일부이며 통합적 선교 비전의 필수적 요소입니다.

Q 혹시 당신이 카사 아도베 공동체에서 생활하면서 배운 것 중에서, 공동체 생활을 하지는 않지만 어떤 형태로든 공동체의 일원으로 살아가는 우리와 나누고 싶은 교훈이 있습니까?

루스 파디야 드보스트 | 카사 아도베에서 실험하며 배우고 있는 교훈 중 하나는 생태와 경제의 연관성입니다. 이 둘은 결코 별개의 것이 아닙니다. 우리의 삶의 방식, 돈을 버는 방식, 소비 습관, 무엇을 사고 무엇을 사지 않는지, 어떻게 소비하는지 등 모든 경제적 선택이 생태적 측면과 완전히 서로 얽혀 있습니다. 공동체 생활의 장점 중 하나는 탄소 발자국을 크게 줄일 수 있다는 점입니다. 우리는 냉장고, 세탁기, 전자레인지 등의 가전제품을 하나씩만 사서 여러 가정이 공유합니다. 만약 공동체의 가정들이 각각 자기들 집에서 살았다면, 냉장고부터 시작해서 모든 가전제품이 다섯 개씩 필요했을 것입니다. 하지만 이렇게 공유함으로써 탄소 발자국을 줄일 수 있을 뿐 아니라, 모든 가전제품을 각자가 유지 보수할 필요가 없고 전기 요금도 절약할 수 있어서 경제 부

담도 덜 수 있습니다. 그 덕분에 남는 자원을 교육 활동과 환경 보호 활동 등에 사용할 수 있습니다. 물론, 모든 사람이 우리처럼 살 수 있는 것은 아닙니다. 하지만 우리 모두가 이런 공유의 방식을 조금씩 실천할 방법을 찾을 수 있지 않을까요? 예를 들어, 저는 미시간주 그랜드래피즈에 사는 친구들에게 이런 제안을 했습니다. "많은 사람이 잔디 깎는 기계를 구매하지만, 사실 잔디를 그냥 자연스럽게 자라게 두거나, 정원으로 가꾸는 것은 어떨까요? 잔디 깎는 기계가 꼭 필요하다면, 왜 모든 가정이 각각 하나씩 사야 할까요? 가격도 비싸고, 기름도 많이 쓰고, 유지비도 드는데 말이죠. 동네에서 한 대를 사서 공유하고 돌아가며 사용하면 어떨까요?" 이런 작은 변화는 우리 삶의 방식을 경제적으로 변화시킬 뿐 아니라 환경에도 긍정적인 영향을 줄 수 있습니다. 따라서 우리는 각자의 상황과 환경에서 소비주의 체제의 부품이 되기를 거부하고, '계획적 진부화planned obsolescence, 제품이 빨리 낡고 쓸모가 없어지도록 설계하는 일'의 흐름에서 벗어날 방법을 찾아볼 필요가 있습니다. 그 무엇보다도 우리가 정말로 필요한 것은 그리 많지 않다는 사실을 깨닫고, 충분함을 인식하는 법을 배워야 합니다. 충분함과 과도함의 경계를 분별할 수 있는 마음이 필요합니다.

📍 **캄보디아+고엘 공동체+한정민**

지속 가능한 유일한 해결책

저는 한국인 선교사 한정민입니다. 저와 제 아내는 지난 21년 동안 캄보디아 사람들을 섬기고 있습니다. 우리는 고엘 공동체Goel Community라는 지역 개발 프로젝트를 시작했습니다. 고엘은 히브리어로 '기업 무를 자'라는 뜻입니다. 우리는 고엘 공동체가 캄보디아 지역민들의 가족이 되기를 바랐습니다. 우리는 타케오Takéo라는 지역의 주민들을 돕고 있습니다. 타케오는 캄보디아 제일의 쌀 생산지입니다. 이 지역은 천 년이 넘는 전통 직물 생산 역사를 자랑합니다. 그곳에서 우리는 몇몇 젊은 세대의 직조공들을 만났고, 솜낭Somnang과 다른 사람들과 함께 지역 사회 개발 프로젝트인 고엘 공동체 프로젝트를 시작했습니다.

이 프로젝트를 진행하면서 더 심층적인 조사를 했고 그들이 직면한 몇 가지 문제점을 발견했습니다. 이 지역은 내전으로 인해 물과 관련한 대부분의 기반 시설이 파괴되었고, 물이 매우 부족한 상태였습니다. 주민들은 빗물에만 의존하여 쌀을 재배하는데, 비가 오지 않는 9개월 동안은 실업 상태에 있게 됩니다. 그래서 사람들은 대부분 직조 활동을 부업으로 삼고 있습니다. 그러나 직조 활동의 수익 대부분이 소위 악어라고 불리는 몇몇 집안으로 돌아간다는 또 다른 문제를 발견했습니다. 그들은 중개인이지만 다른 직조공 가족들의 수익 대부분을 차지하고 있었습니다.

또한 전통적인 천연 염색 기술은 거의 사라져 버릴 위험에 처해 있었습니다. 이카트Ikat 직조 기술, 곧 그들이 카반 홀Kaban Hol이라고 부르는 이 기술은 매우 귀중한 기술로서 어머니로부터 딸에게만 전수될 수 있는 매우 정교한 기술입니다. 각 가족마다 고유한 패턴이 있는데, 한 가족이 직조 활동을 중단하면

> 각 가족마다 고유한 패턴이 있는데,
> 한 가족이 직조 활동을 중단하면
> 세계에서 단 하나뿐인 패턴이 사라지게 되는 것입니다.

세계에서 단 하나뿐인 패턴이 사라지게 되는 것입니다. 오랜 내전으로 천연 염료를 사용할 수 없게 되었고, 천연 염료가 없으니 화학 염료만 사용하고 있었습니다. 그중에서도 가장 저렴하고 문제가 많은 화학 염료를 사용하게 되었는데, 이는 다른 화학 염료를 쓸 수 있는 경제적 여유가 없기 때문입니다.

캄보디아는 도시로부터 수 킬로미터 이내를 제외한 대부분 지역에 하수도 시설이 없습니다. 그래서 화학 염료를 사용하면 많은 오염 물질이 땅에 뿌려지고, 그로 인해 토양과 물이 오염되고, 그들이 주로 의존하는 빗물도 오염되어 모든 자원이 오염됩니다. 오염된 물은 물고기와 가축에게 영향을 끼치고 결국 다시 사람들에게 피해가 돌아옵니다.

우리는 이처럼 건강하지 못한 생태계 문제에 관해 무엇인가를 해야 한다고 생각했고, 지속 가능한 유일한 해결책은 천연 염료를 생산하는 것이라는 결론을 내렸습니다. 그래서 우리는 오래전에 사라진 천연 염료를 만드는 전통적인 기술을 찾아냈습니다. 기존 문헌의 도움도 받았으나 대부분은 노인들의 기억을 통해 기술을 복원했습니다. 우리는 그 기술을 되살리기 위해 일 년 정도 노력을 기울였습니다. 그리고 젊은 세대와 함께 프로젝트를 진행하며 그들과 기술을 공유하고 실제 사업으로 발전시켰습니다.

처음에는 비정부기구 상태로 프로젝트를 진행했지만, 몇

년 후에는 비정부기구 활동만으로는 충분하지 않다는 사실을 알게 되어, 같은 이름의 사업체를 설립했습니다. 이후 캄보디아 수공예 산업을 선도하는 기업으로 인정받게 되었습니다. 또한 우리는 세계 공정 무역 기구 World Fair Trade Organization 의 인증 회원이 되었고, 국제적으로 더 많은 구매자와 시장을 찾을 수 있게 되었습니다. 지금은 프놈펜에 센터를 두고 타케오에 작업장을 마련해 함께 일하고 있습니다. 다케오 작업장에서는 주로 천연 염색과 직조물 생산을 하고, 프놈펜 센터는 주로 봉제와 도소매를 하고 있습니다. 고엘 공동체 직원은 50명이고, 곧 120여 가구에 일자리를 제공할 수 있으리라 예상하고 있습니다.

  NGO 활동과 사업체 운영, 여러 환경 문제에 대처하는 일은 우리에게 큰 도전이 되는 일이었지만, 하나님은 우리로 하여금 그분이 창조하신 것을 관리하도록 인도하셨으므로 앞으로도 우리는 최선을 다할 것입니다. 지금은 대부분의 프로젝트와 사업을 지역민들이 운영하고 있으며, 선교사로서 우리는 점차 역할을 물려주고 물러나며 사역을 마무리하는 단계에 있습니다. 앞으로도 모든 일이 지역민들에 의해 순탄히 운영될 수 있도록 기도하고 있습니다.

인터뷰

Q 선교사님에 대해 좀 더 소개해 주세요.

한정민 | 저는 항공학을 전공한 뒤, 평범한 직장 생활을 하다가 몸담고 있던 무학교회에서 국제 예배 총무를 맡아 5년간 섬기던 중(1999-2003년) 하나님께서 선교에 헌신하는 마음을 주셨고, 퇴직과 선교 훈련 후 파송을 받아 이곳 캄보디아에 와서 21년 동안 섬기고 있습니다. 아내 서윤정 선교사도 믿는 가정에서 태어나 신앙생활을 하던 중에 교회 팀과 캄보디아로 단기 훈련차 왔다가 저를 만나 결혼하고 함께 이 땅을 섬기고 있습니다. 2007년 딸 사랑이가 태어나 17년 동안 이곳에서 자랐습니다. 아이가 자신을 한국인인지 캄보디아인인지 혼동하던 시기도 있었습니다. 그래도 하나님의 자녀로 지금껏 씩씩하게 잘 자라고 있습니다.

Q 캄보디아의 기후 위기로 인한 물 부족 문제에 대해 직접 경험하신 것들을 자세히 말씀해 주세요.

한정민 | 저희가 섬기는 타케오 지역은 논농사를 주로 하는데, 캄보디아 내 22개 시, 도 중에 쌀 생산량이 1등입니다.

하지만 지역 전체의 토질이 밭농사에 적합하지 않아 쌀농사 이외에는 다른 작물이나 특정한 산업이 없어서 벼농사(1모작)하는 3개월의 시간 이외에는 특별히 다른 일거리가 없는 곳이기도 합니다. 40년가량의 오랜 내전으로 관개 수로나 저수지가 파괴돼서 대부분의 논은 하늘만 바라봐야 하는 천수답이기 때문에 이웃 나라 베트남이나 태국과는 다르게 2모작, 3모작을 할 수 없는 상황이었습니다. 10개 군이 모여 따께오라는 도를 이루고 있는데 그중 3개 군에 걸쳐서 약 12,500대의 전통 베틀이 지난 천년 동안 캄보디아 역사와 함께하고 있었습니다. 기후 위기라는 것이 단순히 물 부족 문제만 생기는 것이 아닌, 해마다 홍수와 가뭄이 교차로 지역에 따라 불규칙하게 와서 농업을 주로 하는 지역민들에게 어려움을 주고 있었습니다. 특히 도시 경계에서 3킬로미터 이상 떨어진 대부분의 지역은 상하수도 시설이 없어서 빗물은 식수로, 저수지 물은 생활 및 농업용수로 사용하고 있어서 토양 및 수질 오염 문제가 항상 큰 문제였습니다.

Q 캄보디아의 전통 직조 기술의 아름다움과 의미를 조금 더 자세히 말씀해 주세요.

한정민 | 캄보디아 직조의 역사는 캄보디아 역사의 전성기인 앙코르 시대(8-13세기)와 함께합니다. 앙코르 와트에 있는 석조 유물들과 부조들을 보면, 크메르인들의 정교하고 아름다운 문양이 인도의 동시대 전통 문양과 아주 유사한 것으로 보아 인도의 영향을 많이 받았으리라 추측합니다. 크게 크메르 북부에서 주로 행해지던 허리 베틀 형태의 직조와 중부와 남부에서 주로 행해지던 실크를 이용한 문양직이 주를 이룹니다. 저희가 사역하고 있는 타케오 지역에는 지난 2000년대 초반까지 이러한 문양 직조Tban Houl: Ikat weaving를 하는 직기를 운영하는 가정이 약 8,000개로 조사되었습니다. 각 마을이나 직조 가정이 경제적 어려움으로 인해 전통 직조를 멈춘다면 세상에 하나밖에 없는 문양이 영원히 사라지게 되는 것입니다. 문양직을 하던 8,000개 직조 가정 중 이미 70퍼센트 이상이 직조 활동을 멈추거나 곧 멈출 가능성이 높은 만큼, 캄보디아 전통 직조 문양을 매뉴얼로 보존해서 후세가 이어 나갈 수 있도록 하는 작업이 속히 필요한 상황입니다.

Q 천연 염료를 사용하게 된 배경과 그 의의를 조금 더 자세히 말씀해 주세요.

한정민 | 오랜 내전으로(1960년대 중반-1990년대 초반) 많은 캄보디아 전통 문화가 사라졌는데 고엘 공동체의 사역을 준비하던 2005년 당시 전통 천연 염색 또한 맥이 완전히 끊긴 상태였습니다. 전통 직조의 중심지인 타케오 지역을 조사해 보니 전통 베틀 직조 산업에서 실크와 면 원사를 염색하면서 99퍼센트가 공해 물질이 많은 화학 염색 재료를 사용했습니다. 이 염색 재료는 태국, 베트남, 중국과 같은 나라에서 생산된 독성 오염 물질이 많이 함유된 화학 물질로 만든 재료들이었죠. 상하수도 시설이 없는 대부분의 타케오 지역 전통 베틀 직조 마을의 수질과 토양을 오염시키고 있었습니다. 염색 일을 하는 종사자나 그 근처에 사는 지역민들과 가축들은 수질 오염 및 토양 오염으로 인해 직간접적으로 염색 물질에 의한 오염에 노출되어 있었습니다. 또한 이런 오염도 높은 화공 염색된 완성품들은 소비자들의 건강에도 별로 좋지 않을뿐더러 유럽이나 미주 지역 등 선진국으로의 수출에 어려움이 있어서 정상적인 노력의 대가를 만들어 낼 수 없는 구조적 결함을 가진 산업이 되어 있었습니다. 그래서 지역 청년들과 힘을 합쳐 내전 이전까지 전통 염색을 하셨던 어르신들의 기억과 문헌을 토대로 전통적인 천연 염색 방법을 찾아내고 고증하는 과정을 1년 정도 거쳤습니다. 결론적으로 지역 상황 안에서 지속 가능한 유일한 방법인 천연 염색

을 중심으로 고엘 공동체의 사역을 개발해 나갔습니다.

Q 현재 선교 사업장의 활동에 대해 조금 더 자세히 말씀해 주세요. 현지에서 경험한 에피소드가 궁금합니다.

한정민 | 저희 부부는 사역을 시작하기 전 타케오 출신의 쏨낭 자매를 만났습니다. 쏨낭은 베틀 직조를 하는 농촌에서 태어나 다섯 살 때부터 언니들을 따라 전통 직조를 했습니다. 그녀는 고향을 떠나지 않고 부모님과 형제들이 살고 있는 마을에 살기를 원했지만 성인이 되면서 베틀 직조만으로는 넉넉한 생활이 어렵다고 판단해 프놈펜 인근에 있는 봉제 공장에 취업하기 위해 고향을 떠났습니다. 저희 부부는 쏨낭과 함께 문제점을 찾고자 그녀의 고향 마을 및 인근 지역을 조사했습니다. 지역 마을은 보통 150호 정도 단위로 구성되어 있는데, 마을 구성원 중 70퍼센트 이상이 전통 직조업에 종사하고 있는 직조 집중 마을이 도내에 약 47개였습니다. 하지만 대부분 이러한 베틀 직조 집중 마을에는 평균 2-5가정 정도가 마을 전체의 베틀 직조 방향을 좌우하고 있었습니다. 많은 이윤이 소수 가정에 집중되고 있는 것을 발견하게 되었습니다. 유통 구조에도 모순이 있었습니다. 생산자들이 천이나 스카프를 만든 후에 그 대가를 손에 쥘 때

까지 약 3개월이 걸렸습니다. 그래서 각 가정은 높은 이자를 물고 필요한 재정정을 빌릴 수밖에 없었습니다(고리대금). 지역민들이 가난의 고리에서 벗어나는 것은 매우 힘들었습니다. 땀 흘려 노력한 대가가 정당하게 노력한 사람에게 골고루 분배되지 못하는 현상을 목격한 것입니다. 그래서 쏨낭을 시작으로 몇몇 지역 청년과 함께 전통 염색을 재현하는 시간을 1년 정도 가지면서 그 시기 동안 저희 부부가 드리는 예배에 청년들을 초대하기 시작했습니다. 고엘의 사역과 사업이 시작된 이후 재정 자립을 이루는 데까지 약 4년이 걸렸습니다. 이 기간에 여러 어려운 고비를 함께 헤쳐 나가며 선교사인 저희 가정과 함께하는 청년들은 광야 학교를 거치며 더 단단해지고 하나님께 의지하는 삶을 경험할 수 있었습니다. 첫 재정 자립을 맛본 2010년 이후 약 4년간 매년 100퍼센트, 150퍼센트 성장을 거듭하던 고엘 공동체의 사업과 사역은 어느덧 50여 명의 일터 공동체가 되었고, 이 공동체의 청년들이 만들어 내는 일거리가 타케오 지역 약 120여 가정에 직조 일거리를 만들어 냈습니다. 하지만 선교사인 저희 부부에게 많은 일이 집중되는 바람에, 저희 부부에게 번아웃이 찾아왔습니다. 쉼 없이 달려온 약 11년 사역을 뒤로하고 도망치다시피 한국으로 와 안식년을 가졌습니다. 그때 고엘 사업은 바닥으로 곤두박질쳤습니다. 약 10개월의 안식을 마치고 캄보디아로 되돌아와서는 약 3년 동안 사역 이양에 집중했습니다. 2015년부터 저희 부부는 고엘의 주요 사역과 업무를 보조하던 리더들에게 맡기고, 이제는 동료로서 이들과 함께 몇 년의 시간을 보내다 드디어 2018년 8월 공식적으로 고엘의 모든 업무와 사역을 현지인들에게 이양하고 저희 가정은 한 걸음 물러나 뒤에서 돕는 자로 서게 되었습니다.

> 첫 재정 자립을 맛본 2010년 이후 약 4년간 매년 100퍼센트, 150퍼센트 성장을 거듭하던 고엘 공동체 사업과 사역은 어느덧 50여 명의 일터 공동체가 되었고, 이 공동체가 만들어 내는 일거리가 타케오 지역 약 120여 가정에 직조 일거리를 만들어 냈습니다.

Q 현지 사업장의 비전과 선교사님의 앞으로의 비전을 들려주세요.

한정민 | 코로나 팬데믹으로 공동체 사업은 다시 바닥을 경험하게 되었고 저희 부부는 두 번째 안식년의 시간을 지나 캄보디아로 돌아와 고엘의 사역들을 보조하고 있습니다. 아내는 고엘 다음 세대 아이들 교육에 전념하고 있고 저는 보조자로 아내를 돕고 있습니다. 그리고 인터서브 캄보디아 지역 대표로 지난 3년을 섬기다가 이제는 캄보디아 필드를 떠날 마지막 준비를 하고 있습니다. 현재 고엘 공동체의 사역과 사업은 거의 다 캄보디아 공동체 지체들이 운영해 나가고 있습니다. 바라기는 공동체 리더들과 지체들이 하나님을 더 잘 알아가고 공동체 사업이 번창하여 타케오 지역 농민들에게 더 좋은 일자리를 제공할 수 있으면 좋겠습니다. 그래서 지금껏 준비해 온 현지인이 주도하는 고엘 공동체 사역이 건강하게 잘 진행되고, 청소년이 되어 가는 고엘의 다음 세대 자녀들이 부모들이 닦아 놓은 길을 따라 건강하고 행복한 하나님 나라를 잘 만들어 가기를 소망합니다. 저희 가정은 2026년 하반기에 캄보디아 필드에서 완전히 철수해서 안식의 시간을 예정입니다. 이후에 하나님이 보여주실 일들을 기대하며 선교 2막을 준비하고 있습니다.

Reply

🌱 주님이 우리에게 주신 가장 큰 명령은 "네 마음을 다하며 목숨을 다하며 힘을 다하며 뜻을 다하여 주 너의 하나님을 사랑하고 또한 네 이웃을 네 자신 같이 사랑하라"라는 말씀입니다(누가복음 10:27, 개역개정). 토니와 루스와 한정민 선교사는 이 말씀의 창으로 창조세계를 바라보았습니다. 이들에게 창조세계는 하나님이 직접 빚어 주신 좋은 이웃입니다.

카사 아도베와 창조정의사역회가 하고 있는 지역 회생과 보존 사역은 거대 담론이나 엄청난 프로젝트에서 출발한 것이 아니라, 한 그리스도인의 순종과 작은 돌봄의 손길에서 시작되었습니다. 하나님이 주신 것을 지키고 돌보고자 하는, 하나님이 주인이심을 인정하는 마음에서 비롯된 것입니다. 그때 비로소, 같은 주인을 섬기는 창조세계의 생명들이 함께 하나님을 예배하고 맡은 역할을 다하며, 회복 사역의 동역자가 되는 놀라운 일이 일어났습니다.

고엘 공동체의 한정민 선교사는 이 놀라운 일을 캄보디아 현지인들과 그들의 전통문화에 담긴 지혜를 통해 함께 해낼 수 있었다고 고백합니다. 이렇게 고백할 수 있는 것은 그가 현지인들을, 그들의 문화를, 그들의 땅을, 자신의 이웃으로 온전히 받아들였기 때문입니다. 우리는 하나님만이 온 세상의 주인이시며 그 안에 지어진 우리 모두가 서로 연결되어 돌보고 있는 하나의 공동체라는 사실을 깨달아야 합니다.

Q 누가복음 10장 27절 말씀을 다시 한번 읽고 생각해 봅시다. 우리는 창조세계를, 우리 이웃을 인정하고 사랑하고 있나요?

Q 창조세계가 우리 이웃이 되려면 먼저 창조세계와 사귀는 시간이 필요합니다. 창조세계와 친해지려면 무엇을 할 수 있을까요? 창조세계를 바라보며 함께 하나님을 찬양하는 예배를 시간 내서 드리면 어떨까요? 자신만의 방법을 생각해 봐도 좋습니다.

Q 토니는 그리스도인들이 환경 보호와 복음의 최전선에 있어야 한다고 말합니다. 우리가 꿈꾸는 하나님 나라의 회복에 온 창조세계의 회복까지 포함된다면, 우리의 생활 방식과 습관 중에 바뀌어야 할 것은 무엇일까요? 그리고 어떻게 바꿀 수 있을까요?

✦

하나님 아버지, 제 눈을 열어서 하나님 말씀의 창으로 창조세계를 바라보게 하소서. 그 말씀 속에 분명히 나타내고 계신, 창조세계를 향한 당신의 마음을 읽게 하소서. 하나님이 창조세계 안에 빚어 놓으신 수많은 생명을 하나하나 바라보게 하시고, 그 모든 생명이 저의 좋은 이웃이자 친구임을 깨닫게 하소서. 이제까지 저는 창조세계를 친구처럼 바라보지 못했고, 하나님이 그 안에 부어 주신 수많은 것을 오직 저만을 위한 것으로 여기고 함부로 대했습니다. 제 생활 방식과 습관에 깊이 뿌리 박힌 자기중심성을 발견하고 회개합니다. 제 이웃이자 친구인 창조세계를 위해서 불편을 감수하고서라도 하나님 나라 백성답게 사는 방식과 습관을 들이겠습니다. 앞으로 계속 제 친구를 하나님 사랑으로 온전히 품을 수 있게 하소서. 우리에게 모든 것을 공급하시는 창조주 하나님 우리 아버지의 이름으로 기도드립니다. 아멘.

3주 예배

하나로
연결하며

Creation

🍃 세 번째 예배는 조금 특별한 방식으로 준비했습니다. 여기 세 사람의 인생이 우리 앞에 있습니다. 칠레에서 온 마르쿠스, 솔로몬제도에서 온 에드가, 페루에서 일하고 있는 로라-리입니다. 이들이 들려주는 이야기를 들으면, 일과 창조세계 돌봄과 신앙이 어떻게 통합되어 가는지를 엿볼 수 있습니다. 이들의 삶으로 들어가 '삶으로 드리는 예배'가 무엇인지를 경험해 봅시다. 그렇게 우리의 예배도 삶과 하나 되어 하나님을 만나고 누리면 좋겠습니다.

🗨 **마르쿠스 • 에드가 • 로라-리**

지구를 보살필 의사는 부족하다

Q 오늘은 마르쿠스, 에드가, 로라-리에게 그들의 일과 창조세계 돌봄과 예수님에 대한 믿음이 삶 속에서 어떤 관계를 맺고 있는지를 들어 보고 싶습니다. 먼저 성경 말씀을 읽고 시작하고자 합니다.

주님, 주님께서 손수 만드신 것이 어찌 이리도 많습니까? 이 모든 것을 주님께서 지혜로 만드셨으니, 땅에는 주님이 지으신 것으로 가득합니다. 저 크고 넓은 바다에는, 크고 작은 고기들이 헤아릴 수 없이 우글거립니다. 물 위로는 배들도 오가며, 주님이 지으신 리워야단도 그 속에서 놉니다. 이 모든 피조물이 주님만 바라보며, 때를 따라서 먹이 주시기를 기다립니다. 주님께서 그들에게 먹이를 주시면, 그들은 받아 먹고, 주님께서 손을 펴 먹을 것을 주시면 그들은 만족해합니다. 그러나 주님께서 얼굴을 숨기시면 그들은 떨면서 두려워하고, 주님께서 호흡을 거두어들이시면 그들은 죽어서 본래의 흙으로 돌아갑니다. 주님께서 주님의 영을 불어넣으시면, 그들이 다시 창조됩니다. 주님께서는 땅의 모습을 다시 새롭게 하십니다. 주님의 영광은 영원하여라. 주님의 영광은 영원하여라. 주님은 친히 행하신 일로 기뻐하신다(시편 103:24-31).

Q 제가 이 말씀을 선택한 이유는 바다에 관한 이야기이기 때문입니다. 마르쿠스 씨가 하시는 일에 관해 질문을 드리겠습니다. 마르쿠스 씨, 당신이 하시는 일에 대해 말씀해 주시고, 어떻게 그 분야에서 일하게 되셨는지 말씀해 주십시오.

마르쿠스 | 제 직업은 물리적 측면에서 바다를 연구하는 일입니다. 해양 물리학은 생물학, 화학, 그리고 해양 생태계 전반을 이해하는 데 도움을 줍니다. 저는 강의를 하고, 연구 프로젝트를 개발하고, 학생들의 연구를 지도합니다. 배를 타고 바다에 나가서 장비를 설치하고 데이터를 분석하기도 합니다. 저는 논문과 프로젝트 보고서를 쓰는 데 많은 시간을 쓰고 있습니다. 또한 아내와 저는 작은 동네 교회의 목사이기도 합니다. 아주 오래전 대학생 시절에는 캠퍼스에서 성경 공부 모임에 자주 참여했습니다. 그곳에서 루스 파디야의 아버지 르네 파디야와 사무엘 에스코바, 페드로 아라나 Pedro Arana Valdés 같은 분들을 만났습니다. 저는 목회, 신학, 과학 중 어느 한 분야만 선택하며 살아오지 않았

습니다. 과거에는 과학에 많은 시간을 쏟았지만, 지금은 하나님의 창조세계와 교회의 관계를 가깝게 만들고, 성경 역사를 대학에서 가르치면서 조금씩 균형을 맞추고 있습니다. 학생 시절 과학과 신학 중 어느 것이 먼저 저의 관심을 끌었는지는 잘 기억이 나지 않습니다. 형이 두 명 있는데 그들의 영향을 많이 받은 것 같습니다. 여가 시간에는 자녀들과 자전거를 타는 것을 좋아합니다.

Q 감사합니다. 해양학자로서 과학과 신학 중 어느 것에 대한 관심이 먼저였는지 잘 기억이 나지 않는다고 하셨는데, 제가 알기로 마르쿠스 씨는 수년에 걸쳐 이 두 분야를 적절히 통합해 오셨습니다. 어떤 과정이 있었습니까? 이렇게 여쭤 보는 이유는 많은 교회가 과학과 신앙을 서로 다른 상자에 보관하는 경우가 많기 때문입니다. 우리가 직장에서 하는 일, 교회에서 하는 일, 환경과 관련한 일, 예수님에 대한 믿음과 관련한 일 등 모든 것이 모두 다른 상자에 담겨 있습니다. 마르쿠스 씨는 어떻게 이 문제를 통합하셨습니까?

마르쿠스 | 과학과 성경 역사가 저의 인식을 확장해 주었습니다. 처음에 저는 창조세계가 우리를 돌보고 있음을 깨닫게 되었습니다. 이 지구의 생명체는 수백만 년의 세월을 거쳐 생겨났습

> "저는 목회, 신학, 과학 중 어느 한 분야만 선택하며 살아오지 않았습니다.
> …저에게는 신학과 과학이라는 현실의 두 측면은 어떤 면에서 별로 다르지 않습니다."

니다. 지구가 놀라운 안정성에 도달했고, 대기와 바다가 복잡한 선형 및 비선형 상호 관계를 형성했습니다. 하나님은 우리를 돌볼 수 있도록 섬세한 균형을 갖춘 환경을 마련하셨습니다. 이 환경은 하나님이 우리로 하여금 그분을 알 수 있도록 예비하신 환경입니다. 지구의 모든 생명체는 태양 에너지에 의존하여 살아가며, 바다는 태양 에너지를 자전하는 지구 전체에 재분배합니다. 바다가 없었다면 생명체는 존재할 수 없었을 것이고 지구는 금성과 같은 온실 행성이 되어 버렸을 것입니다. 우리가 호흡하는 산소의 50퍼센트 이상이 바다에서 나오고, 지구 온난화로 인한 초과 열의 90퍼센트 이상이 바다에 있습니다. 저에게는 신학과 과학이라는 현실의 두 측면은 어떤 면에서 별로 다르지 않습니다.

Q 정말 좋은 말씀입니다. 하나님은 우리에게 과학과 신학이라

는 두 언어로 말씀하셨다는 뜻으로 이해됩니다. 북아프리카의 위대한 기독교 사상가인 아우구스티누스에게까지 거슬러 올라가는 생각이 있는데, 바로 하나님은 성경의 책과 자연의 책이라는 두 책을 쓰셨다는 것입니다. 말씀하신 것처럼, 우리는 이 두 책을 함께 읽어야 합니다. 마지막으로 마르쿠스 목사님께서 하시는 일을 위해 우리가 어떻게 기도할 수 있을까요?

마르쿠스 | 저는 창조세계와 신학이라는 주제에 관한 책을 쓰려고 합니다. 집필을 위해 기도를 부탁드립니다. 많은 그리스도인이 여전히 코페르니쿠스 이전의 기독교만을 알고 있습니다. 그것 때문에 물질적 현실과 신앙의 단절이 발생했습니다. 토마스 아퀴나스는 "창조 신학에 오류가 있으면 모든 신학에 오류가 발생한다"라고 말한 적이 있습니다. 그러나 그의 창조세계에 대한 이해는 많은 부분에서 한계가 있습니다. 루터도 그보다 나을 것이 없습니다. 그리스도인들은 하나님의 창조에 관해서는 코페르니쿠스, 케플러, 뉴턴, 갈릴레오, 파스칼, 아인슈타인과 같은 과학자들에게 빚을 지고 있습니다. 이런 사람들의 도움으로 우리는 하나님의 세계에 더 가까이 다가갈 수 있게 되었습니다.

Q 아퀴나스와 루터에 관한 흥미로운 말씀도 정말 감사합니다. 이제 다음 순서로 에드가 씨의 말씀을 들어 보겠습니다. 우리는

바다에 관해 이야기를 나누었는데, 에드가 씨는 바다로 둘러싸인 곳에 살고 있습니다. 해양 문화권의 세계관과 신앙에서 바다와 땅은 절대적으로 중요한 자리를 차지하고 있을 것입니다. 솔로몬제도에서 자라난 분으로서 지금 하시는 일을 하게 된 계기를 소개해 주십시오.

에드가 | 저는 솔로몬제도에서 온 에드가입니다. 솔로몬제도가 어디에 있는지 아시나요? 호주 대륙 북동쪽에 있는 우리나라는 바다로 둘러싸여 있어서 사람들의 삶이 바다와 매우 밀접하게 연결되어 있습니다. 그러나 그런 환경이 어려움을 낳기도 합니다. 우리나라는 기독교 국가입니다. 제가 창조세계 돌봄 일을 하면서 겪는 어려움 중 하나는 우리나라 사람들이 창조세계와의 연결을 오래된 이교도적 삶, 곧 기독교 이전의 전통적 삶과 관련한 것으로 여긴다는 점입니다. 그래서 많은 그리스도인이 갈등을 느끼고 있고, 지금 우리가 하는 일 중 하나가 바로 이 문제를 해결하는 것입니다. 다시 말해, 성경적 관점으로 자연과 연결되는 것입니다. 우리는 자연과의 관계 회복을 위해 전통적인 조상숭배로 돌아갈 필요는 없습니다. 제 개인적인 이야기를 말씀드리겠습니다. 저는 기독교 가정에서 자랐고, 학생 시절 가장 좋아했던 과목은 생물학과 지리학이었습니다. 고등학교를 졸업한 뒤, 저는 의사가 되는 공부를 할 수 있도록 장학금을 받

았습니다. 어느 날 선생님 중 한 분이 "사람을 위한 의사는 충분하지만, 환경을 위한 의사는 부족하다"라고 말씀하셨습니다. 그래서 저는 과학자가 되었고 몇 년 전에 모기에 관한 연구로 박사 학위를 받았습니다. 창조세계의 아주 작은 일부분인 모기는 아무도 좋아하지 않는 피조물입니다. 하지만 파리와 모기는 매우 흥미로운 존재입니다. 많은 사람이 모기를 모두 없애 버렸으면 좋겠다고 말합니다. 하지만 우리 주변에서 모기가 사라지면 수많은 먹이 사슬과 먹이 그물이 붕괴될 것입니다. 저는 말라리아를 연구했는데, 제가 보기에는 문제의 원인은 모기가 아니라 사람입니다. 사람이 모기에게 말라리아를 옮겨 주었고 모기는 단지 그것을 퍼뜨릴 뿐입니다. 저는 기독교 가정에서 자라면서 마음속 깊은 곳에서 하나님에 대한 사랑과 자연에 대한 사랑이 연결되어 있음을 느꼈지만 구체적으로 그것이 어떻게 연결되는지는 알 수 없었습니다. 그런데 주님과 더 오래 동행하면서 그 연결이 일종의 큰 원을 이루고 있으며 창조세계에 대한 사랑이 주님의 뜻이기도 하다는 사실을 깨닫게 되었습니다.

Q 2018년 호주 탈리Tarly에서 열린 지역 컨퍼런스에도 참석하셨던 것으로 알고 있습니다. 그 경험이 당신의 여정에 유익한 이정표 중 하나가 되었나요?

"제 마음속 질문 중 하나는
'왜 교회는 환경 분야에서
두드러진 목소리를 내지 않을까?
왜 우리는 이 문제를 학계나
비정부기구에 맡겨 두고 있을까?'였습니다."

에드가 | 네, 제 마음속 질문 중 하나는, '왜 교회는 환경 분야에서 두드러진 목소리를 내지 않을까? 왜 우리는 이 문제를 학계나 비정부기구에 맡겨 두고 있을까?'였습니다. 비정부기구에 반대하는 것이 아닙니다. 제가 지금 일하는 곳도 직접 우리 지역에 설립한 비정부기구입니다. 하지만 교회는 왜 침묵하고 있는 걸까요? 여전히 고민하고 있는 문제입니다.

Q 당신의 비정부기구에 관해 조금 더 자세히 말씀해 주시고, 우리가 어떻게 기도할 수 있는지 알려 주십시오.

에드가 | 네, 저희는 지역 공동체와 함께 일하기 위해 비정부기구를 설립했습니다. 솔로몬제도에서는 벌목과 삼림 파괴가 매우 심각합니다. 그런 일들이 환경에 미치는 영향도 끔찍하지만, 사회에 미치는 영향도 무시할 수 없습니다. 공동체마저 분열시키

고 있습니다. 그래서 우리는 벌목 작업을 원하지 않는 지역 공동체들을 돕기 위해 이 단체를 출범시켰습니다. 그들은 우리에게 와서 "우리가 무엇을 할 수 있나요? 다른 대안은 없을까요?"라고 묻습니다. 우리는 그들이 정부의 인정을 받고 그들의 터전을 보호할 수 있도록 돕고 있습니다. 이러한 지역 공동체들의 여정에 함께할 수 있는 것은 복된 일입니다. 또한 우리는 지역 공동체의 일원이 되어 사람들로 하여금 하나님이 우리에게 주신 것을 파괴하지 않아도 되는 미래를 볼 수 있도록 돕고 있습니다. 우리가 용기 있게 진실을 말할 수 있도록 기도를 부탁드립니다.

Q 감사합니다. 우리가 함께 기도하겠습니다. 다음으로 로라-리의 말씀을 들어 보겠습니다. 당신은 현재 페루의 침례교선교회 BMS World Mission에서 일하고 계신 것으로 알고 있습니다. 어떻게 이런 일을 시작하게 되셨는지 자신의 이야기를 좀 들려주십시오.

로라-리 | 네, 저는 영국 출신이며 아주 한적한 시골에서 자랐습니다. 웨스트 컨트리West Country에서 태어나서 서머셋Somerset과 글로스터셔Gloucestershire에서 자랐습니다. 어린 시절에는 해변으로 달려가고, 언덕에 오르고, 숲에서 많은 시간을 보냈습니다. 그런 일들이 언제나 저에게 행복과 기쁨을 주었습니다. 물리 선

생님이셨던 아버지는 우리에게 늘 주변 세계를 탐구하도록 격려하셨습니다. 아버지는 제가 물리학과로 진학하지 않아서 매우 실망하셨습니다. 저는 수학은 잘하지 못했고 대신에 생물학과 숲과 생태계를 좋아했기 때문에 생물학과로 진학했습니다. 어린 시절부터 인간의 고통은 천연자원과 상관이 있다고 늘 생각해 왔던 것 같습니다. 제가 보기에는 많은 인간의 고통과 갈등의 원인이 환경자원의 만성적인 부실 관리에서 비롯하는 것이 자명했습니다. 그래서 생물학은 제가 세상에 들어가서 무언가 좋은 일을 할 수 있는 방법 중 하나로 보였습니다. 이런 일들은 제가 그리스도인이 되기 전의 일이었습니다. 대학에서 생물학을 전공하던 마지막 해에 그리스도인이 되었고, 그때 이렇게 생각했습니다. "주님, 이제 이 학위를 마쳤으니 주님의 영광을 위해 이 학위를 사용하도록 도와주세요." 그러나 당시에는 선교 단체에서 일하게 되리라고는 상상하지 못했습니다. 그리고 실제로는 생물학 분야로도 가지 않았습니다.

탐색 끝에 저는 환경과 인간이 더 많이 관련된 일을 해야겠다고 결심했습니다. 환경과학 석사 과정에 진학했고 졸업 후에는 오염된 땅을 연구하는 분야로 들어갔습니다. 영국은 산업의 역사가 길고 오염된 땅이 많기 때문에 그 분야에서 일하면 제가 자라난 지역에 도움이 될 것이라고 생각했습니다. 실제로 일을 시작하기 전까지는 제가 다른 나라에 가서 일하게 되리라고 전혀 상상하지 못했습니다. 시작하고 보니 이 일은 꽤 흥미로웠고 더 많은 필요가 있는 지역에서 일하고 싶다는 생각이 들었습니다. 오염된 땅을 조사하는 일을 할 때, 사람들이 우리를 환경 과학자라고 불렀지만, 저는 스스로를 과학자라고 생각하지 않았습니다. 하지만 매립지, 발전소, 오래된 화학 공장을 방문하는 흥미로운 현장 조사 활동을 많이 했습니다. 정말로 흥미로운 장소들이었습니다. 이런 장소들은 사회가 어떻게 작동하는지를 드러내는 이면 같았습니다. 그리고 제가 맡은 역할을 실제로 좋은 역할이라고 생각했습니다. 기독교 기관에서 일하지는 않았지만, 문제들을 바로잡고 감시하고 과거가 남겨 놓은 흔적을 청소하고 지속적인 오염원들을 제거하는 일을 함으로써 선한 일을 시도하고 있다고 느꼈습니다.

그러나 시간이 지날수록, 제가 알고 있는 지식을 좀 더 직접적으로 하나님 나라와 관련한 일에 적용하고 싶다는 생각을 가지게 되었습니다. 그래서 결국 창조세계 돌봄 코디네이터로서 침례교선교회에 들어오게 되었습니다. 이제 제가 하는 일은 오염된 땅과는 아무 관련이 없지만, 이전할 수 있는 기술들은 많습니다. 제가 아는 친구가 오염된 땅에 관한 석사 과정 공부를 시작했는데, 그가 듣는 과목의 이름이 '회복 생태학Restoration Ecology'이라고 말했던 기억이 납니다. 그 제목을 듣는데, '와, 이건 하나님 나라 일이잖아!'라는 생각이 들었습니다. 우리는 모두 하나님 나라 백성으로서 회복 생태학에 관여하고 있습니다. 창조세계는 하나님의 자녀들이 나타나서 지구를 회복하는 하나님의 계획에 참여하기를 기다리고 있습니다. 회복 생태학은 하나님 나라의 일입니다.

Q 지금 하고 계신 일에 관해 조금 더 말씀해 주시고, 우리가 어떻게 기도로 도울 수 있을지도 말씀해 주세요.

로라 리 | 저는 현재 침례교선교회에서 창조세계의 청지기 코디네이터로 일하고 있습니다. 지금까지 제가 맡았던 직책 중 가장 긴 직함입니다. 제 역할은 우리 단체를 위한 일과 후원자들과 소통하는 일로 나뉘어 있습니다. 단체를 위해서는 우리의 탄소 발자국을 살펴보고 조직으로서 최선의 실천 방안을 모색합니다. 우리는 그런 실천 방식을 찾고 파트너 단체들과 협력하여 전반적으로 실천 방식을 개선하는 일에 집중하고 있습니다.

또 다른 부분은 후원자들과 소통하는 일입니다. 우리는 영국 침례교회라는 커다란 후원 조직을 가지고 있으며, 우리는 이미 기후 변화와 다른 환경 문제로 큰 영향을 받고 있는 세계 각 지역의 파트너들과 영국에 있는 교회들을 연결하는 다리 역할을 하고 있습니다. 그러므로 우리가 주로 남반구 국가에 있는 우리의 파트너들과 수혜자들을 영국에 있는 후원자들과 연결

"우리는 이미 기후 변화와 다른 환경 문제로 큰 영향을 받고 있는 세계 각 지역의 파트너들과 영국에 있는 교회들을 연결하는 다리 역할을 하고 있습니다."

하는 효과적인 다리 역할을 할 수 있도록 기도를 부탁드립니다. 영국에 있는 후원자들은 여전히 세계 다른 지역에서 일어나는 일들과 상당히 단절되어 있다고 느끼고 있습니다.

Q 감사합니다. 세 사람 이야기를 들으면서 마태복음에 나오는 달란트 비유가 떠올랐습니다. 각자 재능에 따라 주인에게 받은 달란트를 가지고 작은 일에 충성한 종들은 결국 주인의 즐거움에 참여하게 됩니다. 마르쿠스와 에드가와 로라-리의 이야기에는 충성한 종들이 누렸던 주인의 즐거움이 담뿍 묻어 나옵니다. 이들은 그 주인에게 받은 지혜와 지식에 신실한 믿음으로 반응합니다. 자신들의 삶과 신앙과 분리하지 않고 그들의 주인이 온 세상을 다스리는 주권자임을 신뢰합니다. 그리스도인들이 흔히 하는 실수는 소위 육적인 것과 영적인 것을 분리하여 바라보는 것입니다. 하지만 분리는 분별이 아닙니다. 말씀이 육신이 되어

이 땅 가운데 오신 분께서는 인간의 영혼뿐 아니라 모든 만물을 사랑하시고 구원하셨기 때문입니다.

> "하나님께서 세상을 이처럼 사랑하셔서 외아들을 주셨으니"(요한복음 3:16). "그분의 십자가의 피로 평화를 이루셔서, 그분으로 말미암아 만물을, 곧 땅에 있는 것들이나 하늘에 있는 것들이나 다, 자기와 기꺼이 화해시켰습니다"(골로새서 1:20).

Care

🌱 앞서 이야기를 나눠 준 마르쿠스, 에드가, 로라-리, 세 사람은 자신의 재능을 바탕으로 익힌 지혜와 지식을 활용해 창조세계를 돌보고 있습니다. 동시에 세 사람의 활동은 복음을 전하는 효과적인 통로로도 쓰이고 있습니다.

이 같은 태도로 과학과 신학을 연결하고 창조세계를 돌보며 세상과 교회에 다리를 놓고 있는 두 기관이 있습니다. '기후청지기들Climate Stewards'과 '아로샤A Rocha'입니다. 두 기관 모두 기독교 세계관을 바탕으로 과학적 자료, 지식, 기술을 활용하여 여러 지역에서 활발하게 활동하고 있습니다. 이들은 지역 단체와도 적극적으로 협력하는데, 그 모델이 어떻게 해야 성공적으로 작동하는지도 잘 보여 줍니다.

📍 **탄자니아·네팔＋기후청지기들＋캐롤라인 포메로이**

우리 지역 탄소는 우리 손으로

'기후청지기들'은 기독교 선교 단체와 교회를 포함한 여러 기관과 개인이 그들의 탄소 배출량을 측정하고, 줄이고, 상쇄할 수 있도록 돕는 단체입니다. 우리의 인증 체계를 통해 현재 6개 프로젝트 파트너 기관이 통합적인 공동체 탄소 프로젝트를 실행하도록 지원하면서 여러 사람과 지역에 다양한 혜택을 제공하고 있습니다. 이들 프로젝트 중 세 개는 아로샤 소속 단체들에 의해 운영됩니다. 또한 우리는 사람들이 자신들의 지역 사회 탄소 프로젝트를 스스로 관리할 수 있도록 돕습니다. 그러므로 지금 나누고자 하는 이야기들은 저의 이야기가 아니라 우리 파트너들의 이야기입니다. 그중 몇 가지 사례를 통해 우리의 활동을 소개하겠습니다.

첫 번째로 소개할 사례는 탄자니아에 있는 파트너 기관 '청년들의 눈 Mboni ya Vijana'입니다. 우리는 이 단체를 MVJ라고도 부르는데, 탄자니아 북동부 지역에 있습니다. 우리는 2020년부터 풀뿌리 조직인 MVJ와 협력해 왔습니다. MVJ는 건강 증진, 새로운 수입원 창출, 지역 환경 개선을 위한 지역 사회 활동을 지원합니다. 그래서 우리는 한 큰 마을 공동체가 토종 나무를

14,000그루 넘게 네 군데 학교에 심을 수 있도록 자금을 지원했습니다. 또한 네 학교 학생들에게 식수를 공급하고 나무에 물을 줄 수 있도록 우물을 파고 저수조를 설치했습니다. 나무가 자랐을 때는 지원 예산을 추가해서 벌통을 구입하고 학교 인근 주민들에게 양봉 교육을 실시했습니다. 향후 15년 동안 이 나무들은 약 4,300톤의 이산화탄소를 흡수할 것으로 예상합니다.

몇 년 전에 나는 그곳을 방문하여 리디아를 만났습니다. 리디아는 5학년이었고, 열두 살 정도 되는 키가 큰 소녀였습니다. 모든 학교에 환경 동아리가 있는데, 리디아는 환경 동아리 회원이기도 합니다. 리디아는 우리에게 이렇게 말했습니다.

> "우리 환경 동아리는 학생들이 자연을 사랑하고 보존하도록 동기를 부여하는 역할을 맡고 있습니다. 저는 나무 심기 프로그램에 참여할 기회를 얻게 되어 매우 기쁩니다. 우리가 심을 수 있는 토종 나무에 대해 배웠기 때문입니다. 전에는 이 나무에 대해 전혀 몰랐습니다. 저는 MVJ가 진행하는 수업이 정말 마음에 듭니다. 저와 환경 동아리 친구들이 많은 것을 배우게 되었기 때문입니다. 우리는 그 배운 것들을 모든 학생과 지역 사회에 알려 주고 있습니다. 우리 나무 농장의 나무들은 건기에 물을 주었기 때문에 잘 자라고 있습니다.

"전에는 이 나무에 대해 전혀 몰랐습니다.

지금은 우리가 배운 것들을
모든 학생과 지역 사회에 알려 주고 있습니다."

저와 제 친구들은 나무를 위해 큰 마음을 품었습니다. 우리는 이 나무들이 우리의 삶을 위해, 지역 사회와 전 세계와 지구를 위해 오랫동안 봉사해 줄 것이라고 믿고 정성껏 돌보고 있습니다."

두 번째 사례는 전혀 다른 지역인 네팔 이야기입니다. 인터서브InterServe와 연결된 우리의 파트너 RIDS 네팔은 네팔 북서부의 외딴 산악 지대 줌라Jumla와 훔라Humla에서 일하고 있습니다. 그들은 각 마을에서 '가족을 위한 네 가지 기술'이라고 부르는 생활 개선을 위한 기술들을 보급하고 있습니다. 모든 가정에 화장실, 무연 금속화로, 태양광 발전이나 소형 수력 발전기와 연결된 LED 조명, 깨끗한 물을 제공하는 것입니다. 이 기술들을 통해 모든 가정의 생활이 크게 개선됩니다.

2019년에 기후청지기들의 후원으로 RIDS 네팔이 조사를 실시했는데, 무연 금속화로의 도입으로 한 가족당 장작 사용을 평균 59퍼센트 줄였고 연간 6.5톤의 탄소 배출량을 줄였다는 것을 알게 되었습니다. 이것은 엄청난 양입니다. 이 무연 금속화로는 효율적인 연소로 훨씬 적은 양의 나무를 소모합니다. 따라서 당연히 지역 삼림 파괴를 줄이고 그에 따른 산사태와 홍수 감소에 기여합니다. 가족들이 나무를 모으는 시간도 절약할 수 있습니다. 나무를 모으는 일은 주로 여성과 아이들의 일이었습니다. 구식 화로는 실내에도 연기를 방출하므로 추운 날에는 집 안이 연기로 가득 찼고, 폐, 눈, 심장 질환을 유발할 수 있었습니다. 현재는 실내에 연기가 제거되어 지역 사회에 이러한 질병도 줄어들고 있습니다. 무연 금속화로는 밀폐형이라 불이 노출되지 않아서 아이들이 불 위에 넘어져 화상을 입을 위험도 줄어듭니다. 그래서 우리와 RIDS는 다섯 마을에 이 화로를 공급하고 있습니다. 이 프로젝트를 10년 동안 지원하여 화로를 설치하는 데서 끝나는 것이 아니라 앞으로도 여러 해 동안 지속적으로 사용되도록 노력하고 있습니다. 그래서 지역 사회에도 유익을 주고 탄소 발생량도 줄이는 효과를 기대하고 있습니다.

　　시탈라 보호라 Sitala Bohora 는 젊은 엄마인데, 실내에서 화로로 요리하며 많은 시간을 보내면서 실내 공기 오염으로 인해 어지럼증과 기침과 호흡 곤란 증상을 겪었습니다. 그녀와 그녀의 가족은 RIDS 네팔의 훈련을 통해 새로운 화로를 사용하고 관리하는 방법을 배웠습니다. 이 화로는 요리 용도뿐만 아니라 실내 온도를 유지하고 물을 데우는 기능도 합니다. 화로 옆에는 온수 보일러가 있습니다. 그녀는 요즘 가족들의 건강에 대한 걱정이 사라졌고, 가족은 시간과 에너지를 절약하게 되었으며, 장작은 예전보다 절반 이하로 사용한다고 말합니다. 시탈라는 저에게 말했습니다. "무연 금속화로를 사용하면서 제 삶이 달라지기 시작했습니다. 건강 상태가 좋아졌고, 호흡 곤란은 옛날 일이 되

"무연 금속화로를 사용하면서 건강 상태가 좋아졌고,
호흡 곤란은 옛날 일이 되었습니다.
식욕도 돌아왔고, 밤에는 더 편안하게 쉴 수 있게 되었습니다."

었습니다. 식욕도 돌아왔고, 밤에는 더 편안하게 쉴 수 있게 되었습니다."

이 두 이야기 외에도 여러 사례가 있습니다. 이런 프로젝트들은 지역 사회에 유익을 가져다줄 뿐만 아니라 탄소 배출량을 줄이거나 억제하는 데 기여합니다.

인터뷰

Q 탄소 상쇄carbon offsetting, 발생시킨 탄소량 이상의 탄소를 흡수하거나 줄이는 프로젝트에 자금을 지원하는 것—역주를 위해 환경 보호 활동에 자금을 지원하는 것의 장점과 위험 요소는 무엇이라고 생각하시나요?

캐롤라인 포메로이 | 장점은 탄소 상쇄를 위해 많은 자금이 유입될 가능성이 있다는 점입니다. 아시다시피, 세계는 온실가스 순 배출량 제로net zero에 도달해야만 하고, 이 목표는 탈탄소화decarbonizing와 탄소 상쇄를 통해서만 달성할 수 있습니다. 따라서 탄소 상쇄 분야의 자금을 환경 프로젝트에 활용할 수 있습니다. 하지만 위험도 존재합니다. 탄소 상쇄에 제대로 된 모델이 아닌 형편없는 모델을 사용하거나, 지역 공동체와 제대로 소통하지 않거나, 대규모로 일을 진행하면서 지역 공동체의 필요를 고려하지 않는 등의 문제가 생길 수 있습니다. 특히 토착민들이 살던 땅에서 쫓겨나는 일과 같은 끔찍한 이야기가 많습니다. 어떤 프로젝트는 혜택보다는 피해를 끼치는 경우가 있습니다. 예를 들어, 대규모 수력 발전 프로젝트 때문에 사람들이 이주해야만 하는 경우입니다. 따라서 지역 공동체에도 실질적인 혜택을 줄

수 있도록 신중하고 세심하게 실행되어야 합니다. 제가 보기에 전 세계 교회에는 이와 관련해서 기여할 수 있는 커다란 기회가 있습니다. 우리는 교회를 통해 전 세계 거의 모든 곳의 사람과 접촉할 수 있습니다. 그중 많은 사람에게는 삶을 개선하면서 동시에 탄소 배출을 줄이거나 탄소를 흡수할 수 있는 작은 프로젝트를 수행할 땅이나 기회가 있습니다. 우리가 그런 연결 고리를 만들 수 있다면, 지역 공동체에 유익을 주면서 동시에 전 세계 탄소 배출량 감소에 기여할 수 있는 엄청난 기회가 생깁니다.

Q 현재 탄소 상쇄 시장이 그린워싱Greenwashing. 기업이나 단체가 허위나 과장으로 환경 친화 이미지를 홍보하는 것—역주 문제를 겪고 있는 상황에서, 기후청지기들이 하는 일과 다른 곳에서 이루어지고 있는 일은 어떻게 다른가요?

캐롤라인 포메로이 | 여러 차이점이 있습니다. 기본적으로 두 종류의 탄소 시장이 있습니다. 첫째는 규제 시장compliance market인데, 이것은 국제적인 대규모 시장으로, 국가 간에 탄소 배출권을 거래하는 시장입니다. 둘째는 자발적 탄소 시장voluntary carbon market입니다. 이 시장에서는 규모가 작지만 대부분 우리가 행하는 일보다는 큰 프로젝트들이 진행됩니다.

따라서 근본적인 차이점은 기후청지기들이 하는 일은 아주 작은 규모라는 점입니다. 우리는 정말로 지역 공동체 기반의 탄소 프로젝트입니다. 다른 것들이 모두 나쁘다는 말은 아니고, 점점 개선되고 있다고 생각하지만, 제대로 실행되지 않은 상당히 나쁜 사례도 꽤 있다고 생각합니다. 저는 관계가 정말 중요하다고 생각합니다. 삼림 벌채 방지 프로젝트에 대해 많은 논의가 있습니다. 이 프로젝트는 나무를 베지 않도록 지역 사회에 돈을 지불합니다. 물론, 나무를 베지 않고 원시림을 보존하는 것이 가장 좋은 나무 프로젝트입니다. 여기서 문제는 기준선baseline을 정하는 것입니다. 프로젝트가 시작되기 전에 어떤 일이 일어났고, 지금은 어떤 일이 일어나고 있느냐 하는 것인데, 어떤 지역에서 나무를 벨 예정이었는지 아닌지를 입증하는 것이 쉽지 않습니다. 어쨌든 일어나지 않았을 일이라면 비용을 지불하지 않아야 합니다. 탄소 상쇄에서 핵심 질문은 추가성additionality에 관한 것입니다. 이 활동은 원래 예상되었던 상태에 비해 추가로 일어나는 일에 돈을 지불하는 것입니다. 곧 대기에서 추가로 제거되거나 배출되지 않는 탄소가 있어야 합니다.

Q 사람들이 프로젝트를 제안하거나 승인을 받기 위해 어떻게 지원할 수 있는지, 또 탄소 상쇄를 위한 기금을 어떻게 제

공하고 기여할 수 있는지 설명해 주십시오.

캐롤라인 포메로이 | 구상하고 있는 프로젝트가 있거나 우리가 다른 기독교 기관들과 협력하여 활동할 수 있겠다고 생각되는 지역이 있다면, 또는 우리와 유사한 일을 이미 하고 있거나 할 수 있는 역량이 있는 기관을 알고 계신다면 연락을 주십시오. 우리는 신청 프로세스를 준비해 두고 파트너들과 긴밀하게 협력하며 실행 가능한 프로젝트를 개발합니다. 프로젝트의 실행 가능성을 확인하기 위해 위험, 비용 등 기타 여러 세부 사항을 살펴봅니다. 그리고 탄소 상쇄 부분에서는 다양한 기관들과 협력하고 있습니다. 특히 탄소 발자국carbon footprint, 개인, 기업, 단체, 제품이 직간접적으로 배출하는 이산화탄소와 온실가스의 총량—역주을 가지고 있는 기독교 선교 기관, 개발 기관 등과 협력하고 있으며, 교회, 교구, 개인, 기업 등과도 함께 일하고 있습니다. 탄소 상쇄는 피할 수 없는 탄소 배출을 다루는 책임 있는 방법입니다. 탄소 배출은 지속적으로 하향 추세가 되어야 합니다. 그래서 우리는 측정, 감소, 상쇄, 반복에 대해 말합니다. 그렇게 해서 상쇄해야 할 탄소도 점점 줄어들어야 합니다.

Q 이 분야는 지표나 평가와 같은 측면에서 비교적 새로운

분야라고 알고 있습니다. 이 지표 평가에 관여하는 기관들이나 관련 프로세스들이 있습니까? 이 분야에 대해 알아보고자 사례 연구를 할 때 모범 사례로 참고할 만한 기관이 있다면 알려 주십시오. 어떻게 시작하면 좋을까요?

캐롤라인 포메로이 | 기후청지기들도 꽤 훌륭한 기관입니다. 우리의 예를 설명하자면, 배출량 계산에서는 다른 모든 사람이 사용하는 국제 표준인 온실가스 프로토콜을 따릅니다. 공개적으로 이용 가능한 데이터를 사용합니다. 프로젝트에 의해 포집된 탄소량을 계산하는 데 있어서도 다른 모든 주요 표준과 동일한 방법론을 따릅니다. 우리는 조금 더 신중하고 조심스럽게 작업합니다. 우리는 어떤 일이 일어나고 있는지, 또 일어나지 않고 있는지를 투명하게 알리기 위해 노력합니다.

Q 실제 프로젝트와 관련한 질문을 드리고 싶습니다. 만약 제가 속한 기관이 기후 문제에 기여하는 프로젝트를 찾아보려고 한다면 어떤 기준으로 최선의 프로젝트를 선택해야 할까요? 탄소를 더 많이 포획하거나 더 효율적인 프로젝트인가요? 우리는 무엇을 목표로 삼아야 할까요?

캐롤라인 포메로이 | 좋은 질문입니다. 그런데 정답이 있다기보다는 장소와 상황에 따라 달라지는 것 같습니다. 우리는 나무와 관련한 프로젝트들뿐 아니라 나무와 상관없는 좋은 프로젝트들도 많이 살펴보고 있습니다. 그러나 이 일은 본질적으로 비용과 이익, 곧 비용과 탄소에 관한 것입니다. 그래서 항상 이 두 지표를 살펴보고 이 프로젝트를 실행할 때 들어갈 탄소 포집 톤당 비용을 평가합니다. 우리가 하고 있는 프로젝트들의 예를 들어 보겠습니다. 앞에서 언급했던 나무를 심고 기르는 일은 소규모 농장을 소유한 농민들과 협력할 수 있습니다. 농장 주위에 작은 산림을 조성하는 것입니다. 그 외에도 교회 주변이나 교회 소유의 토지, 학교 땅에 숲을 조성하는 일도 있습니다. 임업과 농업을 융합한 모델도 있습니다. 우리의 파트너들은 나무와 농작물을 함께 기르는 프로젝트도 진행하고 있습니다. 앞서 언급한 금속화로 프로젝트는 네팔뿐 아니라 페루에서도 실행하고 있습니다. 우간다에서는 바이오샌드 정수 필터를 가정에 공급하는 일을 합니다. 이 일은 아로샤 우간다와 함께 협력하고 있습니다. 플라스틱 재활용 프로젝트도 있는데 우리만의 방법론이 있습니다. 또 학교에서 환경 보호 동아리를 만들도록 지원하고 침례교선교회와 협력하여 태양광 패널을 공급하는 일도 합니다. 다양한 프로젝트들이 있으며 제안된 프로젝

트들을 하나씩 살펴보면서 어떤 이익이 나오고 어떤 비용이 들어가는지를 검토해야 합니다.

🟢 **가나 + 아로샤 가나 + 세스 아피야–쿠비**

심장은 뜨겁게 머리는 차갑게

아로샤는 창조세계를 돌보라는 하나님의 부르심을 삶으로 실천하고, 그리스도인 공동체와 다른 사람들도 그런 삶을 살도록 돕는 일에 헌신하는, 국제적인 보존 단체들의 네트워크입니다. 이 네트워크는 20여 개 나라에서 활동하고 있으며 지역 사회 기반의 보존 프로젝트를 통해 생물다양성 손실의 긴급한 위기에 대응하고 있습니다. 이를 위해 생태 모니터링과 연구, 서식지 복원, 취약한 종 보호에 초점을 맞추어 일하고 있습니다. 이 일은 과학적이면서도 깊은 관계 맺기가 필요한 일입니다. 자연을 보호할 뿐 아니라 공동체들을 육성하고, 사람들이 환경의 청지기로서 의미 있게 참여할 수 있도록 교육과 참여 기회를 제공합니다.

그러나 아로샤의 사명은 단지 땅과 물과 그 안에 사는 생물을 돌보는 것 이상입니다. 아로샤는 오늘날 환경 문제를 해결하는 데 기독교 신앙이 얼마나 중요한지를 증언하고자 합니다. 사람들이 함께 모여 하나님의 창조세계를 연구하고 보호하고 회복하도록 신앙과 행동을 연결하는 다리 역할을 하며, 하나님의 푸른 지구를 돌보는 것이 제자도의 필수 요소임을 전하려고 애쓰고 있습니다. 아로샤는 개인, 교회, 공동체가 이 거룩한 일에 동참하도록 초대합니다. 과학적 연구와 보존 활동 참여는 물론이고 일상에서 청지기로 할 수 있는 간단한 행동들을 통해, 우리는 모두 지구를 돌보는 사람이 되라는 부르심을 받고 있습니다.

아로샤 가나A Rocha Ghana: ARG는 아로샤에 속한 국가 단체 중 하나로서 1999년에 에덴보존협회Eden Conservation Society라는 이름으로 설립되었습니다. 2003년, 아로샤 가나는 공식적으로 아로샤의 가족이 되었습니다. 아로샤 가나는 비정부기구로서 환경 보호에 앞장서 온 긴 역사를 자랑스럽게 생각합니다. 생물다양성과 중요한 생태 서식지의 지속 가능한 관리를 위해 실질적인 보존 활동을 벌이고 있으며, 최근 더욱 심해진 기후와 환경 변화의 충격에 지역 사회의 적응력을 향상하는 프로그램을 진행하고 있습니다.

우리는 "…하나님이 사람을 데려다가 에덴동산에 두시고, 그곳을 맡아서 돌보게 하셨다"라는 창세기 2장 15절 말씀에서 영감을 얻었습니다. 이 말씀에서 힘을 얻어 우리는 가나의 그리스도인들이 창조세계 돌봄에 참여하고 행동하도록 돕고 있습니다. 우리는 이 일을 위해 교회와 신학교들과 협력하고 타종교와의 대화를 진행합니다. 우리의 비전은 언제나 하나님의 창조세계를 돌보는 것이며, 지속 가능하고 혁신적인 행동을 통해 지구 자원을 효과적으로 관리하는 일에 기여하고자 합니다.

우리의 활동은 주로 보호림이나 지역 숲, 국립 공원, 호수,

수원지, 핵심 생태계 등 중요한 천연자원의 주변 지역 공동체를 배경으로 이루어집니다. 지역 공동체는 일반적으로 가난하며 생계를 유지하기 위해 이런 자연 자원에 의존하고 있습니다. 우리는 지역 공동체가 지속 가능한 방법을 활용하여 자연적 자산을 보호하고, 자연환경의 회복력을 지키면서도 생활 수준을 개선할 수 있도록 돕습니다. 우리는 지역 공동체와 함께 훼손된

> 지역 공동체는 일반적으로 가난하며
> 생계유지를 위해 자연 자원에 의존합니다.
>
> 우리는 지역 공동체가 자연환경의 회복력을 지키면서도
> 생활 수준을 개선할 수 있도록 돕습니다.

부분을 회복시켜 생물다양성을 보전하고, 하천 유역을 돌봄으로써 깨끗한 물을 공급할 수 있게 합니다. 특히 토착종을 활용하여 훼손된 부분을 꾸준히 복원해 나감으로써, 수분 매개체가 번성하여 더 많은 농작물을 수확할 수 있게 합니다.

 이를 위해 우리는 가나의 남부와 북부 네 군데에 사무실을 두고, 지역 공동체와 협력하여 사람과 환경 모두에 도움이 되는 활동을 펼치고 있습니다. 아로샤 가나는 현재 세 군데 주요 지대인 몰Mole 생태 지대(사바나, 북동부 및 북서부 지역), 아샨티Ashanti 지역의 보솜트웨Bosomtwe 호수 지대, 동부 지역의 아테와Atewa 숲 지대에서 활동하고 있습니다. 또한, 사람이 살지 않는 중부 지역의 무니-포마제Muni-Pomadze 람사르 습지와 볼타 지역의 케타라군Keta Lagoon 복합 람사르 습지에서도 활동하고 있습니다. 이 지역에서는 해안 자원 관리, 맹그로브 숲 복원, 해양 생물 보호에 주력하고 있으며, 특히 바다거북 보호에 초점을 맞추고 있습니다. 또한 이 지역을 해양 보호 구역으로 지정하여 돌볼 수 있게 하려는 장기 계획을 가지고 있습니다.

 구체적인 사례를 한 가지 소개하겠습니다. 가나의 수도 아크라에서 북쪽으로 90킬로미터 떨어진 곳에 위치한 아테와 숲Atewa Forest 이야기입니다. 아테와 숲은 독특하고 풍부한 생물다양성을 자랑합니다. 그 숲에는 1,100종의 식물, 가나 나비의 77퍼센트, 가나 조류의 30퍼센트가 서식하고 있어, 세계적으로 중요한 생물다양성 지역Globally Significant Biodiversity Area, GSBA으로 인정받고 있습니다. 또한 아테와 숲은 세 강의 발원지로 수백만 명의 사람과 산업에 물을 공급합니다. 게다가 아켐 아부아콰 전통국Akyem Abuakwa Traditional Kingdom의 토착민 공동체에게 이 숲은 문화적·역사적·정신적으로 매우 중요한 의미가 있습니다. 신흥 경제국인 가나는 개발 자금이 필요했기 때문에, 2019년 가나 정부는 중국과 20억 달러 규모의 차관 계약을 맺고, 철도 및 도로를 건설해 주는 조건으로 아테와 숲에서 보크사이트(알루미늄의 원료)를 채굴하도록 허락했습니다. 이것은 숲을 파괴하는 사업입니다. 이 결정은 생물다양성 보호와 지속 가능한 생계 구축을 위해 일하는 기독교 단체인 아로샤 가나에게 큰 도전 과제를 안겨 주었습니다. 중요한 생태계에 치명적인 영향을 미치고 지역 공동체의 생계에 어려움을 끼칠 이 행위에 어떻게 대응해야 할까요? 이 일에 침묵하는 것은 보존 분야에서 일하는 그리스도인인 우리의 신앙 고백을 더럽히는 것은 아닐까요? 지역 공동체의 삶에는 거의 도움을 주지 못하는 단기적 이익이 장기적인 녹색 개발을 짓밟는 것을 그저 지켜보아야만 할까요?

우리는 개발 결정 과정에서 아무런 의견을 내지 못했던 지역 주민들의 의견을 경청하고, 그들의 관점을 뒷받침할 증거를 얻기 위해 신중한 과학적 연구를 수행했습니다. 그리고 '다윗 대 골리앗'의 싸움과도 같은, 아테와 숲의 파괴를 반대하는 캠페인을 시작했습니다. 대중 캠페인, 정치적 옹호, 국제적 압력, 가나 정부를 상대로 한 법적 대응까지 여러 방법을 동원하며, 한 작은 기독교 단체가 강력한 정치, 경제 세력에 맞서 사람들과 지구를 위해 일어섰습니다. 그리하여 전 세계의 관심을 아테와로 끌어모았고, 지금까지 산림 파괴를 지연시키고 있습니다. 아로샤 가나의 디렉터로서 저는 이렇게 강조해서 말하곤 합니다. "이것은 창조주 하나님에 대한 우리의 믿음과 하나님의 땅을 돌보는 청지기로서 우리의 역할을 실천하는 일입니다."

이렇게 우리의 활동은 한 지역 수준을 넘어설 때가 많습니다. 그래서 국가 차원의 정책 옹호 활동도 수행하고 있습니다. 정책 입안자들과 만나서 가나의 국토 개발 과정에 생태계를 돌보는 정책을 통합할 수 있도록 촉구합니다. 우리는 정책 수립과 입법의 빈틈을 지적하고, 관련 국가 기관과 협력하고 대화하며 환경을 보호할 방법을 모색합니다. 또한, 경제 발전과 환경의 지속 가능성이 조화를 이루도록 촉구하고, 이를 위해 연구, 사상적 리더십 발휘, 다양한 지식 공유 등의 활동도 하고 있습니다. 이러한 여정 속에서 우리는 우리의 거룩한 의무를 기억합니다. "땅과 그 안에 가득 찬 것이 모두 다 주님의 것, 온 누리와 그 안에 살고 있는 모든 것도 주님의 것이다"(시편 24:1). 우리는 이 진리를 마음에 새기고, 지역 공동체들과 손잡고 하나님의 창조세계를 돌보고 보호함으로써 하나님을 영화롭게 하고자 합니다.

''다윗 대 골리앗'의 싸움 같은 캠페인을 시작했습니다.

가나 정부를 상대로 한 법적 대응까지 여러 방법을 동원하며,
한 작은 기독교 단체가 강력한 정치, 경제 세력에 맞서 일어섰습니다.

그리하여 전 세계의 관심을 아테와로 끌어모았고,
지금까지 산림 파괴를 지연시키고 있습니다.

Reply

🍃 기후청지기들과 아로샤는 방대한 과학 지식을 활용하여 대응합니다. 먼저, 인간 중심의 사고방식에 젖어 무분별하게 땅을 개발하고 창조세계를 파괴하는 이들에 맞설 때도 객관적인 데이터를 제시합니다. 또한, 창조세계가 얼마나 소중한 이웃이며 창조세계 회복에 어떤 노력을 기울여야 하는지를 교회에 설명할 때도 과학 자료를 동원합니다. 아로샤의 신학 디렉터 부클리스 박사는 이렇게 말합니다. "모든 그리스도인은 자연을 의무처럼 배워야 합니다. 목회자들이 하는 일의 일부로, 아이들이 배우는 내용의 일부로, 우리 모두가 하는 일의 일부로 포함해야 합니다."

맞습니다. 우리는 어쩌면 창조세계를 바라보는 또 하나의 커다란 눈을 놓치고 있는지도 모릅니다. 이제는 세상과 신앙을 분리하는 어린 믿음에서 벗어나야 합니다. 번데기를 탈피하고 푸른 하늘을 마음껏 날아오르는 나비처럼요. 하나님이 우리에게 주신 첫 번째 책인 창조세계를 익히고 배우면 하나님을 더 깊이 이해할 수 있습니다. 또한 보이지 않는 것을 부정하는 우리 이웃들에게 보이는 만물에 비친 하나님의 진리를 전할 수도 있습니다.

Q 창조세계를 더 깊이 이해하고 지금 어떤 상태인지를 알려면 노력이 좀 필요합니다. 창조세계를 탐구하는 많은 연구 가운데 특별히 관심이 가는 분야가 있나요? 부클리스 박사는 성공회 목사이면서 동시에 조류 관련 자격증을 가진 전문적인 조류 관찰자입니다. 새에 대한 넘치는 애정으로 널리 알려져 있죠. 우리도 자신의 흥미를 끄는 곳에서 시작할 수 있습니다.

Q 어떤 분야에 애정이 생기면 뭔가 해야 할 일도 눈에 들어옵니다. 알면 사랑이 찾아오고, 사랑이 생기면 움직이게 되죠. 창조세계를 돌보기 위해 할 수 있는 일은 무엇일까요? 아주 작은 일도 좋습니다. 바다를 사랑하면 해변의 쓰레기를 줍는 비치코밍Beachcombing도 좋고, 깨끗한 하늘과 맑은 공기에 관심이 있으면 대중교통이나 자전거를 자주 이용하게 됩니다. 쓰레기 문제에 눈이 가면 새 옷을 사는 일도 예전보다는 줄어듭니다. 무엇이라도 창조세계를 아끼고 돌보는 일이면 좋습니다.

Q 그런데 갑자기 뭔가를 하려면 막막할 수도 있습니다. 그때는 이미 그 일을 하고 있는 사람들에게 도움을 받는 것도 좋습니다. 뉴스레터를 구독하거나 단체에 가입해서 소식을 받아 볼 수도 있겠죠. 이때 중요한 것은 첫 질문에서 나눴듯이 관심이 가는 것이어야 합니다. 부클리스 박사님처럼 새도 좋고 나무도 좋고 바다도 좋고 산도 좋습니다. 이때 교회 공동체에서 같이 할 사람을 찾으면 지속적으로 뭔가를 하는 데 도움이 됩니다. (책 끝에 있는 부록에 창조세계 돌봄을 실천하는 국내외 기독 단체를 실었습니다. 그들의 활동을 참조해도 괜찮습니다.)

✤

하나님 아버지, 당신이 지으신 창조세계의 오묘함을 더 알고 싶습니다. 그 안에 담긴 하나님의 지혜와 사랑을 하나둘 더 발견하면서 하나님이 우리를 얼마나 사랑하시는지, 창조세계를 얼마나 기뻐하시는지를 깨닫게 하소서. 동시에 우리의 자기중심성으로 망가진 창조세계의 아픔을 외면하지 않고 자세히 알게 하소서. 현실을 직시하고 입술의 회개에서 멈추지 말고 행동을 돌이키는 데까지 나아가게 하소서. 그렇게 한 걸음씩 하나님 나라 백성의 삶을 온전하게 회복하게 하소서. 저 한 사람만의 실천으로는 망가진 창조세계의 회복이 어려운 줄 알고 있습니다. 제가 속한 공동체에서 시작해 우리 사회 곳곳이 힘을 합칠 수 있도록 이끄소서. 창조세계를 대변하는 목소리가 점점 커지고 우리 행동이 변화하여 창조세계 회복을 우리 눈으로 목격하게 하소서. 하늘의 뜻이 하늘에서 이루어진 것 같이 이 땅 가운데서도 이루어지게 하시고, 하나님 나라가 오게 하소서. 우리와 함께 일하시는 성령 하나님을 더욱 의지하며, 주 예수 그리스도의 이름으로 기도드립니다. 아멘.

4주 예배

새로운
눈을 열고

Creation

🌿 넷째 주 예배의 문은 마리아와 함께 열겠습니다. 마리아는 원주민 공동체와 함께 사역하면서 얻은 창조세계에 대한 통찰을 성경 안에서 재해석합니다. 그의 시각으로 보면, 창조세계 안에서 관계 맺고 있는 모든 생명이 새롭게 보입니다. 저는 이것을 '관계의 재설정'이라고 부르고 싶습니다. 기독교 신앙에 들어서면 우리는 전과는 다른 방식으로 관계를 맺습니다. 하나님과도, 자신과도, 이웃과도, 세상과도 완전히 새로운 관계를 형성합니다. 앞선 3주간의 예배에서는 하나님과 이웃에 집중했다면, 이제는 시선을 넓혀서 창조세계 전반과 어떤 관계를 맺을지를 묵상해 봅시다.

🎙 마리아 안드라데

하나님의 그물망

우리가 창조세계를 돌보아야 할 이유는 많습니다. 그중 하나는 우리가 창조세계에 영향을 받기 때문입니다. 기후 위기로 인한 심각한 영향과 그 피해를 목격하고 있습니다. 기후 위기로 가장 혹독한 영향을 받는 사람들이 실제로는 기후 변화를 유발하는 데 가장 적게 기여한 사람들입니다. 이는 매우 아이러니하고 불공평합니다. 따라서 우리가 창조세계를 돌보는 이유는 우리 삶에 영향을 미치기 때문입니다. 필요에 의한 동기라고 할 수 있습니다. 하지만 저는 그 이유만으로는 충분하지 않다고 생각합니다. 우리가 그린워싱greenwashing이나 녹색 자본주의green capitalism에 대해 이야기하는 이유이기도 합니다. 결국 인간이 중심에 있기 때문입니다. 인간의 필요와 이익을 중심으로 창조세계를 보호할 이유를 찾습니다.

그다음 이유는 이 일이 성경의 명령이기 때문입니다. 우리는 하나님의 말씀에 순종하고자 합니다. 우리는 이를 가리켜 정의의 문제라고 말했습니다. 하나님이 이것을 중요하게 생각하시므로 우리도 이것을 중요하게 생각해야 합니다. 그러나 저는 또 다른 이유가 있다고 제안하고 싶습니다. 그것은 바로 사랑입니다. 우리가 창조세계를 사랑하며, 우리가 창조세계의 일부이기 때문입니다. 어떤 사람들은 지구를 지키기 위해 목숨을 바칠 정도로 창조세계를 소중히 여깁니다. 그래서 저는 창조세계를 아끼는 것은 우리의 관계성에 대한 감각 때문이라고 제안합니다. 우리의 세계, 우리의 현대 사회에서는 그것을 실제로 상상하기 어렵습니다. 그러나 토착 공동체들의 경우에는 그렇지 않습니다. 토착 공동체들의 지혜는 이러한 관계성에 대한 감각을 훨씬 더 잘 보존하고 있습니다. 그래서 저는 우리가 이러한 관점을 더 잘 이해하고자 노력했으면 합니다. 저는 지난 몇 년 동안 케추아 공동체와 안데스 지역의 공동체들과 함께 일해 왔습니다.

케추아 공동체는 안데스 지역의 토착민 공동체입니다. 남미에는 여러 나라에 걸쳐 자리 잡은 안데스산맥이 있습니다. 그 산맥에는 많은 토착민 공동체가 있는데 그중 하나가 케추아 공동체입니다. 저는 이 공동체와 함께 몇 가지 연구를 해 왔고, 그들은 저에게 하나님과 실재, 영성과 창조에 대해 많은 것을 가르쳐 주었습니다. 그래서 여러분과 그 내용을 조금 나누고 싶습니다.

여기 실타래가 있습니다. 형제님, 이 실을 받아서 누군가에게 던져 주세요. 서로 다치지 않게 조심하세요. 받으신 분은 다시 다른 사람에게 주세요. 다른 사람에게 또 전달하세요. 형제님, 달라고 하세요. 네, 좋습니다. 또 다른 사람에게 던지세요.

계속 그렇게 하시면 됩니다. 계속 넘겨주세요. 자, 계속하면서 상상해 보세요. 실재는 우주 크기의 그물망입니다. 우리의 이 모습이 우주적 그물망과 같은 모습입니다. 케추아 사람들은 실재를 우주적 그물망으로 이해합니다. 잘하셨습니다. 마치 우주적 그물망처럼 시공간에 존재하는 모든 것이 서로 연결되어 있습니다. 인간과 비인간 모든 것이 연결되어 있습니다. 이제 멈추세요. 자리에 앉으십시오. 하지만 그물망을 깨뜨리지는 마세요. 자리에 앉지만 서로 연결된 그물망은 그대로 두세요.

그렇습니다. 케추아족에게 실재는 시공간의 모든 것을 포함하는 우주적 그물망과 같습니다. 그러므로 우주 공간에 존재하는 모든 생명체, 인간과 비인간이 이 그물망의 일부라고 상상해 보십시오. 눈에 보이는 것뿐만 아니라 보이지 않는 모든 것이 이 우주 그물망의 일부입니다. 하늘에 있는 것과 땅에 있는 것, 땅속에 있는 모든 것이 우주적 그물망의 일부이며, 과거와 현재, 미래에 있는 모든 것도 마찬가지입니다. 이 그물 바깥에 존재할 수 있는 것은 없습니다. 그들에게 이 그물망으로 연결된 관계는 매우 중요합니다. 서구 세계에서는 사람들이 "나는 생각한다. 고로 나는 존재한다"라고 말하지만, 케추아 사람들은 "나는 관계를 맺는다. 고로 나는 존재한다"라고 말합니다. 그물망 바깥에는 아무것도 존재하지 않는 것이죠.

이제 한 형제님이 그물망을 놓쳐 버렸다고 상상해 보십시오. 그가 그물망을 붙잡지 않으면 그물망은 어떻게 될까요? 그 그물망은 이전과 같은 그물망일까요? 아닙니다. 이제 한 형제님이 아니라 나무를 상상해 보세요. 그 나무는 그물망의 일부입니다. 나무가 그곳에 없으면 그물은 더 이상 이전의 그물과 같지 않습니다. 만약 강과 산과 코끼리와 벌레와 매미가 거기서 사라진다면, 그 그물망은 이전과 같지 않을 것입니다. 이처럼 토착민 공동체들이 보았을 때 우리 모두는 거대한 그물망의 일부입니다. 이 우주적 관계성이라는 개념은 매우 중요합니다.

다른 원리가 몇 가지 더 있습니다. 상호 의존성의 원리가 있는데, 이 원리 때문에 상호 책임은 그들의 삶에 매우 현실적으로 깊이 자리 잡고 있습니다. 또 다른 원리로서 그들에게는 '수막 카우사이sumak kawsay'라는 말이 있는데 '좋은 삶'이라는 의미입니다. 거대한 그물망의 누군가가 나의 행동으로 인해 나쁜 영향을 받는다면 좋은 삶은 성립되지 않습니다. 좋은 삶이 생겨날 수 없는 것이죠. 그래서 내가 하는 모든 일이 나에게 좋아도 그물망의 다른 존재(인간이든 아니든)에게 나쁜 영향을 미치면 그것은 좋은 삶이 아닙니다.

그들에게는 '수막 카마냐sumac kamaña'라는 원리도 있는데, 충분함이라는 의미입니다. 충분히 좋다면 그것이 좋은 것입니다. 이것은 아주 작은 원리이지만 우리 소비주의 사회에서는 아주 중요한 원리입니다. 우리는 항상 더 많은 것을 원합니다. 한 개

나무를 상상해 보세요.
나무가 없으면 그물은 더 이상 이전의 그물과 같지 않습니다.

만약 강과 산과 코끼리와 벌레와 매미가 사라진다면,
그 그물망은 이전과 같지 않을 것입니다.

토착민 공동체들이 보았을 때 우리 모두는 거대한 그물망의 일부입니다.
우주적 관계성이라는 개념은 매우 중요합니다.

를 가지게 되면 세 개를 가지고 싶어 합니다. 그들에게는 충분함이 좋은 것입니다. 왜냐하면 충분함이 이 우주적 그물망 안에서 그들이 조화롭게 살도록 도와주기 때문입니다.

　이 원리를 말하는 이들은 토착민 공동체만이 아닙니다. 원주민 공동체가 이미 여러 세대 전부터 이 원리를 알고 있었지만, 과학 또한 다른 이름으로 부르는 몇 가지 사실을 발견하고 있습니다. 지난 세기 프랑스의 철학자이자 신학자이며 과학자인 테이야르 드 샤르댕Teilhard de Chardin은 양자 물리학을 깊이 연구한 뒤 이 그물망에 존재하는 모든 것, 우리의 우주 안에 존재하는 모든 것이 같은 요소들을 공유한다는 결론을 내렸습니다.

　저의 말로 풀어서 설명하자면, 그는 우리가 모두 동일한 네 가지 요소로 구성되어 있다고 말합니다. 그 요소들은 각각 다른 양, 다른 방식으로 혼합되어 있지만, 본질적으로는 별을 구성하고 우주 안의 모든 동물을 구성하는 동일한 요소가 인간을 구성한다고 말합니다. 매우 낭만적인 이야기처럼 들리지만, 사실 성경도 이와 같은 내용을 말하고 있습니다. 우리는 모두 동일한 창조주에게서 나왔습니다. 우리는 하나님의 동일한 손으로 만들어졌고 결국 먼지로 돌아갑니다. 그 먼지는 하나님의 손으로 빚어졌고, 하나님의 숨이 그 안에 깃들었습니다. 그래서 우리를 별의 가루라고 말하거나 별들의 형제자매라고 부르는 것은 로맨틱한 말이면서 동시에 과학적이고 성경적인 말이기도 합니다. 성경적인 믿음은 과학으로부터 그리 멀지 않고, 토착민들의 세계관으로부터도 그리 멀지 않습니다.

저는 문제의 근본 원인이 탈신성화desacralization라고 생각합니다. 우리가 피조물을 신성한 것으로 바라보기를 멈추는 순간(그것이 신들이기 때문이 아니라 신성하신 하나님으로부터 비롯한 것이기 때문에 신성합니다) 우리는 신성함의 감각으로 피조물을 볼 수 있는 능력을 상실했습니다. 이것은 중요한 문제인데, 우리가 창조세계를 보는 방식이 창조세계와 관계를 맺는 방식을 규정하기 때문입니다.

그러므로 우리가 지금 해야 할 일은 창조세계를 바라보는 방식을 바꾸는 것입니다. 우리는 이 신성한 관계성 그물망의 일부입니다. 그리고 우리는 창조세계와 관계를 맺는 방식을 바꿀 필요가 있습니다. 우리가 땅 위를 걸을 때, 신성한 땅 위에서 걷고 있음을 기억하며 걸어야 합니다. 모세가 하나님을 만났을 때, 그가 선 곳이 신성한 장소이기 때문에 신발을 벗으라는 명령을 받았습니다. 그곳에 하나님이 계셨기 때문입니다. 이 지구는 하나님이 현현하시는 공간입니다. 하나님이 그분을 계시하시는 주요한 장소입니다. 그러므로 신성합니다. 그래서 우리가 그것을 보고 관계를 맺는 방식도 신성해야 합니다. 저는 이 점을 묵상하며 로마서 12장을 떠올렸습니다. "여러분은 이 시대의 풍조를 본받지 말고, 마음을 새롭게 함으로 변화를 받아서, 하나님의 선하시고 기뻐하시고 완전하신 뜻이 무엇인지를 분별하도록 하십시오"(로마서 12:2). 우리는 우리가 보는 방식, 생각하는 방식을 바꿔야 합니다. 그래야 행동하는 방식도 바꿀 수 있습니다. 성경 이야기에서 자신이 피조물을 보는 방식, 피조물과 관계 맺는 방식을 바꿀 기회가 있었던 한 사람의 경험을 살펴보겠습니다. 민수기 22장입니다. 이 이야기에는 몇몇 인물이 등장합니다. 먼저 발람이 있습니다. 그는 예언자였지만 히브리인은 아니었습니다. 그는 모압에서 온 발락을 만나러 갑니다. 그는 발락과 대화를 나누고자 했습니다. 그는 당나귀를 타고 길을 가다가 하나님을 만납니다. 하나님이 길 한가운데 계셨습니다.

> 발람은 아침에 일어나 자기 나귀에 안장을 얹고, 모압 고관들을 따라서 길을 나섰다. 그러나 그가 길을 나서는 것 때문에 하나님이 크게 노하셨다. 주님의 천사가 그의 대적자가 되어서, 길에 서서 가로막았다. 발람은 자기 나귀를 탄 채로 있었고, 그의 두 종이 그와 함께 있었다. 나귀는 주님의 천사가 칼을 빼어 손에 들고 길에 선 것을 보고, 길을 벗어나 밭으로 들어갔다. 발람은 나귀를 때려 다시 길로 들어서게 하였다. 그러자 주님의 천사가 이번에는 두 포도원 사이의 좁은 길을 막아섰다. 길 이쪽에도 담이 있고, 길 저쪽에도 담이 있었

다. 나귀는 주님의 천사를 보자, 이쪽 벽으로 몸을 바짝 붙여, 발람의 발을 벽에 긁히게 하였다. 그러자 발람이 나귀를 한 대 더 때렸다. 그때에 주님의 천사가 앞으로 더 나아가, 오른쪽으로도 왼쪽으로도 피할 수 없는 좁은 곳에 섰다. 나귀는 주님의 천사를 보고는, 발람을 태운 채로 주저앉았다. 발람은 화가 나서 지팡이로 나귀를 때렸다. 그때에 주님께서 그 나귀의 입을 여시니, 그 나귀가 발람에게 말하였다. "제가 주인 어른께 무슨 잘못을 하였기에, 저를 이렇게 세 번씩이나 때리십니까?" 발람이 나귀에게 대답하였다. "너는 나를 놀림감으로 여기느냐? 내가 칼을 가지고 있었더라면, 이 자리에서 너를 죽였을 것이다." 나귀가 발람에게 말하였다. "저야말로 오늘까지 어른께서 늘 타시던 어른의 나귀가 아닙니까? 제가 언제 이처럼 버릇없이 군 적이 있었습니까?" 발람이 대답하였다. "없었다." 그때에 주님께서 발람의 두 눈을 열어 주셨다. 그제야 그는, 주님의 천사가 칼을 빼어 손에 들고 길에 선 것을 보았다. 발람은 머리를 숙이고 엎드렸다. 주님의 천사가 그에게 물었다. "너는 왜 너의 나귀를 이렇게 세 번씩이나 때리느냐? 네가 가서는 안 될 길이기에 너를 막으려고 이렇게 왔다. 나귀는 나를 보고, 나에게서 세 번이나 비켜

섰다. 다행히 나귀가 비켜섰기에 망정이지, 그렇지 않았더라면 내가, 나귀는 살렸겠지만, 너는 분명히 죽였을 것이다." 발람이 주님의 천사에게 말하였다. "제가 잘못하였습니다. 천사께서 저를 만나시려고 길에 서 계신 것을 몰랐습니다. 제가 가는 것이 잘못이면, 저는 되돌아가겠습니다." 주님의 천사가 발람에게 말하였다. "저 사람들하고 같이 가거라. 그러나 너는 내가 말해 주는 것만 말하여라." 그리하여 발람은 발락이 보낸 고관들과 함께 갔다(민수기 22:21-35).

많은 사람들이 다양한 관점에서 민수기 22장을 연구했습니다. 예를 들면, 문화 간의 상호 작용 interculturality, 하나님의 주권, 백성을 보호하시는 하나님, 예언자의 하나님에 대한 신실함, 영적이고 초자연적인 관점 등을 통해 연구되었습니다. 제가 여러분에게 제안하고자 하는 것은 관계성, 곧 우주적 관계성의 렌즈로 본문을 살펴보는 것입니다. 그리고 본문에 대해 은유적 접근법을 사용해 보고 싶습니다. 생각해 볼 수 있는 몇 가지 요점을 간략히 나누고 싶습니다. 우리는 이 말씀을 현재 기후 위기의 관점에서 바라볼 수 있습니다. 길을 한번 주목해 보십시오. 이 이야기에는 세 장면이 나옵니다. 첫 번째 장면에서는 천사가 길을 막고 있습니다. 두 번째 장면에서는 포도밭과 울타리가 있습니다. 길이 점점 좁아지고 있는 것 같습니다. 결국, 길이 사라집니다. 이것은 우리가 창조세계와 함께 만들어 낸 상황, 우리가 창조세계를 돌이킬 수 없는 상황으로 몰아가는 것을 떠올리게 합니다. 우리는 더 이상 지구 온난화가 아니라 지구 가열에 관해 이야기해야 할 상황이 되었습니다. 안타깝지만 지구는 이미 끓어오르고 있습니다. 그래서 길이 점점 좁아지는 것 같습니다.

　　또한 이 본문에 등장하는 너그러운 피조물인 당나귀는 마치 지구의 모습처럼 보일 수도 있습니다. 이 당나귀가 수컷이 아닌 암컷이라는 점이 흥미롭습니다. 우리는 보통 이런 점을 간과하지만, 본문은 상당히 구체적으로 언급합니다. 인간에게 이 피조물은 아주 선한 존재입니다. 실제로 당나귀는 발람을 죽지 않게 보호하려고 합니다. 그러나 그다음 장면에서 인간은 이 선한 피조물을 향해 폭력적인 반응을 보입니다. 마치 이 지구와 창조세계로부터 우리가 선한 것들만 얻으면서도 창조세계에 대해 폭력적으로 행하는 것처럼 말입니다. 우리가 지구에게 돌려주는 것은 쓰레기입니다. 그래서 저는 이 이미지가 다시 한번 생생하게 느껴집니다. 우리는 지구로부터 관대함과 친절함과 자원을 받습니다. 생명을 받지만 그 생명을 창조세계에 돌려보내지 않습니다.

　　인간은 하나님도 보지 못하고 피조물의 소리도 듣지 못하고 있습니다. 발람은 주님의 천사를 보지 못했고 당나귀가 행동으로 말하는 바도 듣지 못했습니다. 사실 당나귀는 행동으로 말하고 있었고, 어떤 시점에 가면 정말로 말을 합니다. 마치 지구가 우리에게 말을 하는 것과 같습니다. 지구가 음성으로 말하지는 않지만, 태풍이나 온난화, 가뭄, 산불 같은 다양한 경로로 우리에게 말을 걸고 있습니다. 우리는 피조물의 신음하는 소리를 듣고 있습니까?

그다음에는 발람의 방식을 바꾸시기 위한 하나님의 개입이 나옵니다. 흥미로운 부분은 천사가 발람이 길을 가는 것을 막지 않는다는 것입니다. 천사는 "좋다. 가라. 계속 가라"라고 말했습니다. "그러나 이제는 너의 방식이 아닌 나의 방식대로 해라. 너는 가던 길을 가라. 그러나 가서는 내 방식을 따르라. 다르게 행하라"라고 하신 것입니다.

또 다른 교훈은 발람의 당나귀와 관련이 있습니다. 당나귀의 질문은 기후 위기에 직면한 오늘 우리에게도 중요한 의미가 있습니다. "내가 당신에게 무엇을 하였기에 나를 이같이 세 번을 때리느냐?" 마치 지구가 이렇게 말하는 것 같습니다. "내가 당신들에게 무엇을 했기에 이렇게 대합니까? 내가 당신들에게 그렇게 많은 것을 주지 않았습니까? 나는 당신들이 믿고 의지할 수 있는 산이 아닙니까? 나는 당신들을 돌보는 강이 아닙니까? 나는 당신들의 숲이 아닙니까? 당신들은 지금까지 오랫동안 나에게서 먹을 것을 얻지 않았습니까? 당신들이 내게 하는 짓을 내가 당신들에게 한 적이 있습니까?" 만일 창조세계가 말할 수 있다면, 그 질문이 이 당나귀의 질문과 매우 비슷할 것 같습니다.

결국 창조세계를 바라보는 우리의 관점이 우리가 창조세계와 어떤 관계를 맺는지를 결정합니다. 만일 우리가 창조물을 그것, 곧 하나의 사물, 이용해야 할 대상, 인간보다 열등한 무엇

> 마치 지구가 이렇게 말하는 것 같습니다.
>
> "당신들은 지금까지 오랫동안
>   나에게서 먹을 것을 얻지 않았습니까?
>   당신들이 내게 하는 짓을 내가 당신들에게 한 적이 있습니까?"

으로 본다면, 우리는 그것을 사용하고, 증가시키고, 재생산하는 식으로 창조세계와 관계를 맺을 것입니다. 브라질의 신학자 레오나르도 보프Leonardo Boff는 자연을 가리켜 어머니, 지구를 가리켜 어머니 지구라고 말합니다. 그러자 사람들은 그의 생각이 이교도적이라며 의문을 제기했습니다. 그때 그는 이렇게 답변했습니다.

> "그렇습니다. 그러나 당신이 어머니라는 말을 뗄 때 내면 지구는 하나의 사물이 되어 버리고 맙니다. 당신은 지구를 소유할 수 있고, 사고팔 수 있으며, 착취할 수 있고 파괴할 수 있는 대상으로 생각하게 됩니다. 그러나 어머니라는 말을 그 앞에 붙이면, 인격적 대상에게 그런 짓을 하지 않을 것입니다. 그러면 당신은 그것을 소유할 수 없고 사고팔지도 않을 것입니다. 착취하지도 파괴하지도 않을 것입니다. 당신은 그것을 더 존중하게 될 것이기 때문입니다."

그래서 저의 솔직한 생각은 우리가 가진 가장 큰 문제, 곧 근본 문제 중 하나는 창조세계가 사물이 되어 버렸다는 것입니다. 창조세계는 대상이나 사물이 아니라 생명이고, 하나님이 창조하셨고, 하나님께 속하며, 하나님이 돌보십니다. 바로 이 본문이 보여 주는 것처럼 말입니다. 저는 우리가 창조세계를 돌보는 일에 힘쓸 뿐 아니라 창조세계를 바라보는 방식을 바꾸라고 도전하고 싶습니다. 관점을 바꾸면 창조세계 돌봄이 그 결과로 나타나고, 우리가 창조세계와 관계를 맺는 방식도 변화할 것입니다.

저는 실 한 뭉치를 조금씩 잘라서 여러분 모두에게 나누어 드리고 싶습니다. 이 실 조각은 우리의 약속을 상징합니다. 우리는 각자의 나라에서 살아갑니다. 그러나 저는 우리 모두가 한 네트워크에 속해 있다고 믿습니다. 우리는 이미 서로 연결되었습니다. 이미 많은 역사와 간증과 생각을 공유했습니다. 이제 시작합시다. 우리는 이미 창조세계를 돌보는 사람들, 하나님이 돌보시는 것을 돌보는 사람들의 네트워크를 이루었습니다. 그러나 기억하십시오. 우리는 인류 공동체에 속했을 뿐 아니라 다른 비인간 생명체를 포함하는 더 큰 공동체의 일원입니다. 이 우주적 그물망에서는 전 세계 여러 곳의 친구와도 연결되어 있지만, 우리를 둘러싼 나무, 우리 곁에서 흐르는 강, 우리가 안겨 있는 산, 우리를 비추는 태양과 원을 그리며 생명의 순환을 만들어 내는 달과도 연결되어 있습니다. 우리 모두가 더 큰 무언가에 속해 있음을 기억해야 합니다. 그 그물망은 하나님이 창조하셨고, 또한 하나님께 속한 그물망입니다.

안데스 공동체에서 얻은 또 한 가지 지혜를 말씀드리겠습니다. 이 그물망에 속한 안데스 공동체는 하나님이 세상을 창조하셨다는 사실을 믿습니다. 하나님이 이 우주적 그물망을 창조하셨음을 믿습니다. 예수님은 이 그물망 속 관계들을 회복하심으로써 그물망의 균형을 되찾아 주셨습니다. 골로새서 1장은 예수님이 가져오신 이 우주적 회복을 아름답게 증언합니다. 예수님은 땅에 있는 것들과 하늘에 있는 것들을 다시 하나가 되게 하셨습니다. 만물이 예수님으로 말미암아 완전하게 됩니다. 하나님의 영은 이 모든 관계를 되살리십니다. 하나님의 영은 이 우주적 관계 안에서 생명을 양육하시고 유지하십니다.

우리는 이미 창조세계를 돌보는 사람들,
하나님이 돌보시는 것을 돌보는 사람들의 네트워크를 이루었습니다.

그러나 기억하십시오.
우리는 인류 공동체에 속했을 뿐 아니라
다른 비인간 생명체를 포함하는 더 큰 공동체의 일원입니다.

Care

🌿 이제 우리가 창조세계 안에서 맺는 모든 관계가 새로워졌습니다. 주변 모두를 하나님의 작품으로 바라보면, 아주 특별한 일이 일어납니다. 이번 주 돌봄 이야기의 주인공들도 예외가 아닙니다. 먼저, 지금까지 우리의 도움이 필요한 사람들, 기후 위기의 피해자로 간주했던 이들이 있습니다. 그런데 놀랍게도 그들이 피해자의 자리, 돕는 손길을 기다리는 자리를 거부하고 창조세계 돌봄의 맨 앞자리로 나왔습니다. 파나마 원주민 구나둘레족의 호카베드는 자신이 속한 원주민 공동체를 대표해 기후 위기 대응에 강력한 목소리를 내는 협상가로 활동하고 있습니다.

또 다른 특별한 친구는 바로 이곳, 한국에 있습니다. 사용하지 않는 물품을 기부받아 재판매하는 굿윌스토어에서 일하는 발달장애인들입니다. 이들의 손에서 자원순환과 취약 계층 돌봄이 동시에 이루어지고 있습니다. 하나님이 지으신 세계에서는 생명이 소외되거나 낭비되는 일 없이 모두가 제자리를 찾아갑니다. 지금까지 생각지 못했던 이들과 새로운 관계를 맺을 준비가 되셨나요?

♀ 파나마 + 호카베드 솔라노

"자선이 아니라 우리의 의무입니다"

저는 구나둘레 토착민 자치국 Gunadule Indigenous Nation 출신으로 파나마에 거주하고 있습니다. '메모리아 인디헤나 Memoria Indigena, 토착민의 기억'의 이사이며, '우니도스 엔 미시온 Unidos en Misión, 선교 안에 하나됨'의 선교사로 활동하고 있으며, NAIITS North American Institute for Indigenous Theological Studies에서 신학 박사 과정을 밟고 있습니다. 저는 제가 유엔 기후변화협약 당사국 회의에서 협상가로 활동한 경험을 들려 드리고 싶습니다. 구나둘레 족은 파나마와 콜롬비아에 걸쳐 사는 토착민입니다. 우리 민족에는 전해 내려오는 노래와 이야기가 아주 많습니다. 우리 민족에 관한 기억 중 하나인 '첫 번째 나무'라는 의식에 대해 말씀드리고 싶습니다. 제가 아기였을 때 경험한 의식이라서 기억이 완전하지는 않습니다. 이 의식은 우리에게 중요합니다. 한 아기가 태어나면 사람들은 함께 노래를 부르며 씨앗 하나를 아이의 탯줄, 태반과 함께 땅에 심습니다. 그리고 아기에게 말합니다. "아가야, 이 공동체에 온 걸 환영한다." 그다음에 가장 중요한 가사가 나옵니다. "모든 관계는 중요하단다." 오래된 숲을 상상해 보세요. 모든 나무가 그 대지의 이야기를 속삭이고, 뿌리는 대지의 기억과 얽혀 있습니다. 이런 숲이 구나둘레 사람들의 고향입니다. 하지만 오늘날 기후 변화가 우리 공동체에 영향을 미치면서 우리는 많은 어려움을 겪고 있습니다.

우리 민족은 약 400개의 섬이 있습니다. 우리는 그 섬에 살던 여러 공동체 중 하나인데 이제 섬을 떠나 본토로 이주해야 하는 상황에 놓여 있습니다. 그것은 땅과 바다를 가족처럼 느끼는 우리에게 큰 고통입니다. 우리는 바다를 할머니라고 부르고, 땅을 어머니라고 부릅니다. 아시겠지만, 바다와 땅은 우리에게 매우 중요한데, 우리의 세계관에서 가족이란 인간뿐 아니라 모든 살아 있는 것을 포함하기 때문입니다. 우리는 창조세계와 분리되어 있지 않으며 그 일부입니다. 우리가 창조세계의 일부이기 때문에 우리 자신을 땅과 대지의 수호자 구나둘레족이라고 부릅니다. 우리 토착민은 기후 위기 문제의 관찰자가 아니라, 이 문제와 싸워 나가는 주인공들입니다. 우리는 조상들의 지식과 창조세계와의 깊은 유대감으로부터 혁신적인 해결책을 발견할 수 있습니다.

제가 어떻게 기후변화협약 당사국 회의에 참여하게 되었고 그 공간에서 어떻게 참가자들의 목소리를 키워 주고 모두를 위한 보다 지속 가능한 미래를 구축할 수 있게 했는지에 대해 말씀드리겠습니다. 토착민은 단순히 기후 변화에 취약한 사람들이 아닙니다. 우리는 지구 생물다양성의 80퍼센트를 보호해 온 사람들이며, 이 문제와 관련하여 해결책을 찾는 일에 앞장서고 있습니다. 제가 처음으로 당사국 회의에 참여한 것은 2019년 12월의 25차 회의 때였습니다. 이 회의에 초대받아 참석하게 되었을 때, 저는 거대한 회의 규모에 크게 당황했습니다. 저는 계속해서 '내가 여기서 어떻게 내 민족과 연결될 수 있을까?' '내가 이곳에 오게 된 이유는 무엇일까?'를 생각하면서 '하나님, 제가 이곳에서 저의 공동체와 토착민들을 섬길 기회를 주십시오'라고 기도를 드렸습니다. 그 후에 무슨 일이 있었는지 말씀드리겠습니다.

회의 중간에 장소를 둘러보던 중 길을 잃고 헤매다가 토착민 몇 명을 만났습니다. 그들은 저에게 "구나둘레족이십니까?"라고 물었습니다. 제가 그렇다고 대답했더니 저를 토착민 회의에 초대했습니다. 그래서 주 회의장에 들어가게 되었는데, 그때 그들은 협상에 대해 이야기하고 있었습니다. 저는 그곳에 처음 왔기 때문에 그냥 조용히 듣고만 있었습니다. 그들이 무엇을 어떻게 하는지 배우고 싶었기 때문입니다. 그들은 유럽연합 환경부와 대화할 협상가를 선정하기 시작했습니다. 어느 순간에 제 이름이 들렸습니다. 어떤 사람이 "호카베드를 지명하고 싶습니다"라고 말한 것입니다. 제가 놀라서 말했습니다. "호카베드라고요? 왜 호카베드죠?" 하지만 사람들은 제 이름을 불렀고, 그들이 투표하여 저를 선출했습니다. 그리고 "좋습니다. 호카베드를 보냅시다"라고 말했습니다. 저는 저를 추천한 사람에게 내가 무엇을 해야 할지 물어보았습니다. 그러자 그가 이렇게 대답했습니다. "괜찮습니다. 걱정하지 마세요. 토착민을 위한 협상 전문가와 함께 가게 될 것이니 가서 잘 보고 배우세요." 얼마 뒤, 저는 유럽연합의 한 장관 앞에 앉게 되었습니다.

저는 제가 무엇을 해야 할지 잘 몰랐기 때문에 맨 바깥 자리에 앉아서 그들이 무슨 말을 하는지 잘 들어야겠다고 생각했습니다. 하지만 한편으로 저는 기도하며 제가 해야 할 말을 준비했습니다. 이것이 우리 공동체에서 일어난 일에 대해 말할 수 있는 매우 중요한 순간이라고 생각했기 때문입니다. 우리는 파리 협정 제6조와 관련해서 무슨 일이 일어났으며, 토착민들의 삶에 어떤 문제가 생겼는지 등 여러 이야기를 나누었습니다. 한동안 이야기를 듣고 나서 저도 그 대화에 참여했습니다. 저는 우리의 기억과 역사에 대해, 기후 변화가 우리의 섬과 어린아이들과 청소년들에게 어떤 영향을 끼쳤는지에 대해 말해야만 한다는 큰 책임감을 느꼈습니다. 그래서 저는 그들에게 질문했습니다.

"여러분은 자녀들에게 무엇을 물려주고 싶습니까? 여러분은 자녀들의 눈을 똑바로 바라보면서, '애야, 나는 우리 지구를 보호하기 위해 할 수 있는 모든 것을 다했

단다'라고 말할 수 있겠습니까? 여러분이 제 가족에 대해서는 관심이 없더라도, 당신의 가족은 소중히 여겨야 하지 않겠습니까?"

이 질문이 그렇게 큰 질문은 아닐 수도 있지만, 그 자리에 있던 환경부 장관과 대부분의 사람에게 영향을 끼쳤습니다. 기후 변화를 의논하는 이런 큰 회의는 냉랭하고 건조한 분위기에서 진행되기 때문입니다. 저는 기후 변화에 대한 논의를 인간화하기 위해서 우리 이야기를 나누는 것이 중요하다고 생각했습니다. 그렇게 함으로써 모든 사람에게, 모든 숫자 뒤에는 얼굴이 있고, 공동체가 있고, 그들의 미래가 있다는 것을, 우리가 다루고 있는 것이 단지 통계와 숫자가 아니라 사람임을 상기시키려고 했습니다. 우리는 이 협상을 인간화해야 합니다. 저는 이렇게 우리 이야기를 나누는 것이 교회와 토착민들이 경제 대국 정부들에게 우리 역사의 중요성을 상기시키고 기후 문제 협상을 인간화하는 데 중요한 역할을 한다고 생각합니다.

협상가로서의 여정은 배우고 성장하는 과정이었습니다. 협정의 복잡한 세부 사항을 파고들었고 세계 지도자들과 만나 협상을 벌였습니다. 저는 직접 부딪혀 가며 때로는 성취를, 때로는 난관을 경험했습니다. 구나둘레족과 토착민 코커스(토착민 대표들의 회의—역주)에서 부각된 토착민들의 현실을 제시함으로써

> 모든 숫자 뒤에는
> 얼굴이 있고, 공동체가 있고, 그들의 미래가 있다는 것을,
> 우리가 다루고 있는 것이 단지 통계와 숫자가 아니라
> 사람임을 상기시키려고 했습니다.

우리 미래에 영향을 끼칠 결정에 참여할 수도 있었습니다. 많은 나라 중 첫 번째로 스코틀랜드와 뒤이어 한국의 반응이 있었는데, 그들은 선진국들이 더 큰 행동에 나서야 하며 기후 정의를 위한 싸움이 계속되어야 한다고 강조했습니다.

    기후 정의는 매우 중요합니다. 우리는 많은 대화를 나누고 있는데, 그 대화의 주제 중 하나는 손실과 피해에 관한 것입니다. 부자 나라들은 기후 문제로 인해 어려움과 고통을 겪고 있는 사람들을 어떻게 경제적으로 지원할지에 대해 대화를 나누고 있습니다. 스코틀랜드의 수석 장관 니콜라 스터전^{Nicola Sturgeon}은 우리 대화의 결과로 다음과 같은 연설을 했습니다.

> "지난 2주 동안 글로벌 사우스 대표들과 나눈 모든 대화와 어제 발표된 합의문 초안을 통해 우리가 전체적인 목표를 더 크게 가져야만 한다는 사실이 분명히 드러났고, 저는 확신하게 되었습니다. 부유한 국가들은 최선의 결과를 확보하기 위해 당사국 회의 마지막 순간까지 더 많은 지원 재정을 확보해야만 한다는 확신입니다. 그것은 자선이 아니라 우리의 의무입니다."

이런 일이 가능했던 것은 우리가 그 협상에 참여할 수 있었기 때문입니다. 토착민들이 그러한 자리에 참여하는 일은 매우 중요합니다. 왜냐하면 우리가 협상, 기후 변화, 비상 상황에 대해 이야기할 때, 녹색 옷을 입은 식민주의자들도 이 회의에 참여하고 있기 때문입니다. 토착민으로서 우리는 이를 단순히 기후 변화의 위기만이 아니라 영적 위기로 바라보고 있습니다. 이런 시각이 중요한 이유는, 이 심각한 위기를 극복할 방법이 오직 우리가 지구의 신성한 가치를 인식하고 지배의 논리를 포기하는 데 있기 때문입니다. 다시 말해, 우리는 그리스도인으로서, 토착민으로서, 불의를 고발해야 합니다. 그런데 불의는 협상 과정에만 있지 않고 이 모든 일의 배경이 되는 경제 체제, 곧 자본주의와 신자유주의에도 있습니다. 이런 경제 체제에는 이 문제에 대한 해결책이 없습니다. 문제를 이해하는 사고방식 자체가 자유와 정의에 기반하지 않고 지배와 식민주의에 의해 유지되기 때문입니다.

 끝으로 저는 여러분께 계속해서 저희와 함께해 달라는 부탁을 드리고 싶습니다. 우리 토착민들과 토착민 교회들을 지지해 주시고, 다가오는 제29차 당사국 회의에서 우리가 더 효과적으로 옹호 활동을 할 수 있도록 지원해 주십시오. 이번 회의에서는 특히 기후 금융과 기후 정의에 관한 합의의 실제 이행에 상당한 진전이 있기를 바라고 있습니다. 우리는 더 높은 목표 설정을 요구하고 정부들의 행동을 촉구하기 위해 노력을 배가해야 합니다. 우리에게는 화석연료 시대를 확실히 종식하고 토착민의 완전한 권리를 인정하는 글로벌 협약이 필요합니다. 토착민에게는 자결권과 자치 국가로서 협상에 참여할 권리를 보장해야 합니다. 우리는 협상 테이블에 앉아 듣기만 하는 존재가 아니라 결정에 참여할 수 있어야 합니다.

 인류는 한 그루의 커다란 나무와 같습니다. 예언자 요엘이 말한 것처럼, 하나님은 모든 육체, 모든 세대에게 하나님의 영을 부어 주십니다. 이 모든 육체에는 지구상의 모든 곳에 사는 토착민도 포함됩니다. 우리는 그들과 함께 정의를 위해 기도할 수 있습니다. 우리가 형제자매로서 함께 일한다면 토착민과 그들의 교회가 오늘날 환경 문제의 해결책이 될 수 있습니다.

인터뷰

Q 호카베드 씨의 말씀처럼 문제는 사람의 마음에 있는 것 같습니다. 그것은 바로 죄입니다. 모든 민족이 그 문제의 해결책을 찾고 있습니다. 그들은 그들이 알지 못하는 예수님을 찾고 있습니다. 제가 먼저 한 가지 질문을 드리겠습니다. 여러분도 이어서 질문해 주시기 바랍니다. 말씀 중에 잠시 언급하셨지만, 교회는 어떻게 당신과 같은 토착민 지도자들이 당사국 회의에 참석할 수 있도록 지원할 수 있습니까? 또 교회는 어떻게 토착민 지도자들을 지원할 수 있습니까?

호카베드 솔라노 | 질문해 주셔서 감사합니다. 저를 포함하여 교회로서 우리가 할 수 있는 한 가지 일은 토착민 대표가 당사국 회의에 참석할 수 있도록 지원하는 일입니다. 아시다시피 이 큰 회의에는 다양한 배경을 가진 수많은 사람이

참석합니다. 두바이에서 열린 제28차 당사국 회의 참석자 대부분이 화석연료 회사나 석유 회사에서 일하는 사람들이었고, 토착민 공동체에서 온 사람은 소수에 불과했습니다. 우리는 토착민들이 대규모 회의에 참여할 수 있도록 물질과 기도로 지원하고, 그들과 목회적으로 동행할 수 있습니다. 이런 거대한 회의 공간에서는 많은 돈을 가진 기업들이 폭넓게 협상을 벌입니다. 그러나 교회는 토착민 공동체를 지원하고 그들을 위해 기도하고 그들의 투쟁에 동참할 수 있다고 생각합니다. 지금 이 시기는 교회가 토착민들과 함께할 수 있는 기회의 시기라고 생각합니다. 그러나 다른 한편으로 단순히 토착민들의 이야기를 나누는 것을 넘어서서, 정보나 인권이나 협정 조항들과 관련한 법적 지원을 할 수도 있습니다. 토착민들은 앞으로 나아가기 위해 조항과 협정에 대해, 지금 벌어지고 있는 일에 대해 더 잘 알아야 합니다. 우리가 함께한다면 토착민들이 이 큰 회의에서 더 많은 일을 할 수 있다고 생각합니다.

Q 감사합니다. 말씀 잘 들었습니다. 당사국 회의는 크고 복잡한 회의인데, 2개월 후에 열리게 될 제29차 당사국 회의에서 당신이 기대하는 바는 무엇입니까? 지난번 당사국 회의에서는 신앙의 파빌리온 Faith Pavilion이 있어서 그 안에서 그

리스도인들과 타종교인들 간의 교류가 이루어졌습니다. 토착민 그리스도인들이 신앙의 파빌리온에 참여하여 그리스도인과 타종교인의 목소리를 더 잘 표현할 수 있도록 도울 방법이 있을까요?

호카베드 솔라노 | 이번 제29차 당사국 회의는 아제르바이잔의 바쿠Baku에서 열릴 예정입니다. 많은 사람이 기후 변화 관련 회의에 별 기대가 없습니다. 그러나 우리 토착민들은 이런 회의를 통해 우리 정부의 재정 관리에 압박을 가하고 싶습니다. 우리 정부는 토착민을 위해 많은 돈을 지원한다고 하지만, 우리는 그 돈을 본 적이 없습니다. 이번 회의를 통해 우리는 취약 계층에 그 돈을 전달할 수 있는 더 나은 방법에 대해 합의를 이루고자 합니다. 그것이 중요한 한 가지 과제입니다. 다른 하나는 농업입니다. 지난번 협상에서 의논한 대로 지속 가능한 농업과 관련한 워크숍에서 토착민들의 지식을 나누는 것입니다. 이것이 이번 제29차 당사국 회의에서 우리가 해결해야 할 중요한 과제입니다. '신앙의 파빌리온Faith Pavilion'은 2023년 제28차 유엔기후변화협약 당사국 총회COP28에서 처음으로 선보인 종교 기반의 기후 행동 플랫폼입니다. 이 공간은 그리스도인만을 위한 것이 아니라 여러 종교의 사람들이 교류하는 장입니다. 여기

서 우리는 교회에서 일어난 일, 우리가 하는 일, 우리 지역에서 일어난 일들에 대해 말할 수 있으며, 다른 정부와 배경에 놓인 많은 사람과 이야기를 나눌 수 있습니다. 토착민 그리스도인들도 자신들이 경험한 일에 대해 이야기할 수 있습니다. 이번 제29차 당사국 회의에서는 기후 변화의 영향으로 인해 제가 속한 공동체에서 발생한 손실과 피해에 대해 타종교인들과 함께 이야기를 나눌 것입니다. 이 모임을 통해 우리 공동체는 로잔운동과도 연결되며 더 나아가 전 세계와 하나가 될 수 있다고 생각합니다.

대한민국 + 굿윌스토어 + 유권신

모두를 아우르는 더 풍성한 삶

굿윌스토어 Goodwill Store는 1902년, 미국 보스턴의 감리교 목사인 에드거 헬름스 Edgar Helms가 시작한 자선 활동에서 비롯했습니다. 그는 버려진 물건을 수거하여 경제적으로 어려운 이웃들에게 자립의 기회를 제공하고자 했습니다. 이러한 노력은 점차 조직화되어 '굿윌 Goodwill'이라는 이름으로 발전했으며, 현재 미국과 캐나다 전역에서 3,300여 개의 굿윌스토어가 운영되고 있습니다. 이 매장들은 연간 수조 원 규모의 매출을 올리고 있으며, 그 수익은 취약 계층 지원과 지역 사회 발전을 위해 재투자되어 매년 약 13만 8천 명이 취업 및 재활 서비스를 받고 있습니다.

저희 밀알복지재단은 장애인 특수학교인 밀알학교를 운영하면서, 졸업 후 취업 기회가 극히 제한된 학생들과 그 부모들의 어려움을 직접 목격했습니다. "장애인에게 최고의 복지는 일자리를 주는 것"이라는 신념으로 강영우 박사의 영향과 격려를 받아 2011년 서울 송파구에 굿윌스토어 밀알송파점을 개점한 것이 밀알복지재단과 굿윌스토어의 첫 시작이었습니다. 밀알복지재단의 굿윌스토어는 장애인을 보호 대상이 아닌 경제적 자립의 주체로 인정하며, 최저 임금 이상의 급여를 안정적으

발달 장애인과 비장애인이 함께 일하는 사회 통합을 추구합니다.

단순 지원이나 보호가 아닌, 장애인이 월급을 받으며
자립할 수 있는 근거를 마련한다는 점에서 그 의의가 큽니다.

로 보장하는 직업 재활 모델을 지향해 왔습니다. 교회와 시민 사회, 기업의 협력으로 굿윌스토어는 점차 전국 각지로 확산했고, 2025년 3월 기준으로 전국 35개 매장에서 439명의 장애인이 정규직으로 고용되어 있습니다. 굿윌스토어는 발달 장애인과 비장애인이 함께 일하는 사회 통합을 추구합니다. 단순 지원이나 보호가 아닌, 장애인이 월급을 받으며 자립할 수 있는 근거를 마련한다는 점에서 그 의의가 큽니다.

우리나라 장애인의 약 70퍼센트가 실업 상태라는 통계는 장애인 고용이 얼마나 중요한 사회적 과제인지를 보여 줍니다. 발달장애인의 고용률이 27.6퍼센트에 그친다는 사실 역시 심각성을 더합니다. 굿윌스토어는 이러한 현실에서 새로운 가능성을 열어 보입니다. 매장에서는 물품 분류, 영업 지원, 고객 응대 등 다양한 업무를 장애인 직원이 담당합니다. 초기에는 생소할 수 있지만, 직무 교육과 현장 훈련을 통해 업무 역량을 키워 나가며, 월급을 통해 자립의 기쁨과 보람을 체험하게 됩니다. 다음은 함께 일하는 직원들의 목소리입니다. "일해서 번 돈으로 가족 여행 경비를 조금이나마 보탰더니, 제가 가정에서 꼭 필요한 존재라는 사실이 실감됐어요"(이하늘 사원, 물류팀). "엄마에게 선물을 사 드리니, 비로소 어른이 됐다는 기분이 들었어요"(남신영 사원, 영업팀). "처음엔 출근을 제대로 할 수 있을까 걱정했지만, 지금은 매일매일이 즐거워요. 월급을 받는 게 이렇게 뿌듯할 줄 몰랐습니다"(김소희 사원, 밀알강서점). 이처럼 장애인 근로자는 스스로 자신감을 회복하고, 가족과 지역 사회는 새로운 활력을 가지게 됩니다. 또한 굿윌스토어는 중장년층, 다문화 가정, 한부모 가정 등 다른 취약 계층의 고용도 적극적으로 추구하여, 차별 없는 고용 기회를 확대하고 있습니다.

"처음엔 출근을 제대로 할 수 있을까 걱정했지만,
지금은 매일매일이 즐거워요.

월급을 받는 게 이렇게 뿌듯할 줄 몰랐습니다."

굿윌스토어는 장애인 고용에 더하여, 창조세계 돌봄이라는 가치를 함께 지향합니다. 오늘날 대량 소비와 폐기물이 사회적 문제로 부각되는 가운데, 중고 물품 재사용은 지구 환경 보호에 직접적으로 기여합니다. 2024년 기준, 굿윌스토어를 통해 재사용, 재활용된 물품은 약 62,870,203톤의 온실가스 배출을 저감했습니다. 이는 30년생 소나무 9,525,788그루가 1년간 흡수하는 양과 맞먹습니다. 의류가 전체 기증품 중 70퍼센트 이상을 차지한다는 사실에 비추어 볼 때, 중고 티셔츠 한 장을 재활용함으로써 생산 과정에서 소요되는 2,700리터의 물을 절약할 수 있습니다. 이를 합산한 결과, 연간 80,833,118,400리터가량의 물을 아낄 수 있습니다. 저희가 기증받은 물품 중에는 재판매가 어려운 것도 있습니다. 이 물품들은 분리, 재활용 과정을 거치는데, 이를 통해 쓰레기 매립이 크게 줄었습니다. 작지만 자원의 효율적 이용과 환경 부담 완화에 기여하려고 노력하고 있습니다. "사용하지 않는 물건도 다시 사용할 수 있다"라는 간단하지만 강력한 메시지를 실천함으로써, 굿윌스토어는 지구 환경을 보전하는 일상적이고 구체적 방안을 제시하고, 자원 순환 문화가 우리 사회에 뿌리내리도록 도우려 합니다.

굿윌스토어는 매년 더 많은 교회와 협력하고, 더 많은 취약 계층에 일자리를 제공하는 것을 목표로 합니다. 2025년에는 전국 매장 45개, 장애인 고용 500명, 2030년에는 전국 매장 100

개, 장애인 고용 1,300명을 목표로 뛰고 있습니다. 이는 단순히 매장 수를 늘린다는 의미가 아닙니다. 각 매장이 지역 사회와 유기적으로 결합하여 운영되고, 장애인 고용뿐 아니라 자원 재활용과 기부 문화를 확산시키는 '돌봄 공동체'로 자리매김한다는 것이 핵심입니다. 굿윌스토어는 잉여 자원의 새로운 활용을 통해 장애인에게는 안정적 일자리를, 지구에는 자원 절약과 온실가스 저감을 선물합니다. '누군가에겐 쓸모없는 물건'이 '또 다른 누군가에게는 소중한 기회'로 이어질 수 있음을 생생히 보여 주는 것이 바로 굿윌스토어의 힘입니다. 기독교의 핵심 가치를 구현한다는 측면에서도 큰 의의가 있습니다. 요한복음 10장 10절에서 "…양으로 생명을 얻게 하고 더 풍성히 얻게 하려는 것이라"(개역개정)라는 말씀처럼, 굿윌스토어는 장애인과 비장애인을 아우르는 '더 풍성한 삶'을 지향합니다. 가정이나 기업, 교회 등 다양한 사회 주체가 이 나눔에 동참할 때, 우리는 예수님이 말씀하신 '더 풍성한 생명'과 '서로에게 유익이 되는 공동체'를 경험하게 됩니다. 굿윌스토어는 앞으로도 장애인 고용 확대, 자원 재활용, 지역 사회 연대를 통해 더욱 많은 이에게 풍성한 삶을 전하고자 합니다.

Reply

🌱 호카베드와 굿윌스토어 직원들은 우리와 함께 창조세계를 돌보는 동역자입니다. 창조세계를 대신해 목소리를 내며, 위기에 빠진 이들을 겸손하게 섬기고 있습니다. 기후 위기 같은 거대 담론에서 자주 피해자로 거론되는 이들이, 할 수 있는 일이 있을까 의심받는 이들이, 하나님의 형상과 작품을 돌보고 대변하는 자리에 세워지고 있습니다.

그들은 하나님이 창조세계를 돌보려고 연결한 촘촘한 그물망에서 자기 자리를 지키고 있습니다. 우리 역시 그 그물망 안에 있습니다. 우주적 관계성 안에 있습니다. 누군가는 자기중심성으로 창조세계를 망가뜨리고, 누군가는 창조세계를 돌보며 회복합니다. 그 일이 반복되고 있습니다. 과학자들의 경고대로 창조세계의 신음이 점점 심해지고 파멸로 향하고 있다면, 돌보는 손길보다 자기중심성에 물든 이들이 많아졌기 때문입니다.

Q 우리가 마시는 물 한 모금, 사용하는 휴지 한 장에도 창조세계의 생명이 어려 있습니다. 만물 안에 숨 쉬고 있는 그 생명들을 얼마나 존중하며 살고 있을까요? 무심코 낭비하는 습관에는 그 생명들이 그다지 중요하지 않다는 생각이 배어 있습니다. 우리가 회복해야 할 마음은 하나님이 이 세계를 지으시고 바라보시며 좋다고 하셨던 그 마음, 아닐까요.

Q 우리가 먹고 마시고 사용하는 것들만이 아닙니다. 우리가 만나는 사람들은 어떤가요. 아무리 작고 약한 사람이라도 하나님의 형상을 지니고 있습니다. 그런데 창조세계가 망가져서 기울어진 세상이 되었습니다. 그 안에서 우리는 얼마나 하나님의 형상들을 존중하며 살고 있나요? 당연히 교회 공동체에도 약자가 있습니다. 그들을 공동체가 얼마나 존중하는지 돌아 봅시다. 만약 우리 가운데 부족한 모습이 보인다면, 그 이유는 무엇일까요? 이번 주 예배에서 배운 '새로운 눈을 열고' 창조세계 돌봄 관점에서 생각해 봅시다.

Q 창조세계 돌봄은 모두가 함께 해 나가는 일입니다. 가장 약해 보이는 이조차 자신의 자리에서 최선을 다하고 있습니다. 그런데 정작 창조세계를 돌볼 수 있고, 돌보아야 하는 이들은 무관심할 때가 많습니다. 그들을 어떻게 설득할 수 있을까요? 모두가 함께 참여하는 창조세계 돌봄이 가능하려면 어떤 시각이 필요할까요?

✦

하나님 아버지, 우리는 지금 이기적인 세상에서 살고 있습니다. 다른 무엇보다 자신이 중요하고 자기만족과 풍요를 위해서라면 다른 생명을 아무 거리낌 없이 희생시킵니다. 그리스도인으로서 이런 세상 풍조를 거스르고 대안적 문화를 만들어야겠지만 어디서부터 시작해야 할지 잘 몰랐습니다. 그런데 이번 주 예배를 드리면서 그 시작이 하나님을 존중하는 것, 하나님이 지으신 모든 생명을 존중하는 것임을 깨달았습니다. 창조세계의 수많은 생명뿐 아니라 우리 곁의 약자와 지구 반대편 남미 친구들까지, 하나님이 생명을 부여하신 모든 이들을 존중하는 태도를 회복할 수 있도록 도와주세요. 그리하여 오늘 제 삶의 자리에서부터 조금씩 하나님 나라를 회복해 나갈 수 있기를 소망합니다. 언제나 우리 안에서 신실하게 일하시는 예수 그리스도의 이름으로 기도합니다. 아멘.

예배를 마치며

🌿 여는 글에서 말씀드렸듯이 이 책은 2024년 '창조세계 돌봄 국제포럼'을 재구성한 것입니다. 이 포럼이 중요했던 이유 중 하나는 "창조세계 돌봄이 복음 실천의 영역에 포함되는가"라는 질문이 여전히 교회 안에서 들려오기 때문입니다. 이 책이 충분한 답이 되리라 확신하며, 여기까지 예배하며 함께 오신 분들 안에 그 믿음이 새겨졌기를 바랍니다.

이제 대기과학자 캐서린 헤이호의 목소리를 빌려 보혜사 성령님과 함께 여러분의 그 믿음을 확증하고자 합니다. 캐서린 헤이호는 과학과 신앙이 충돌할 필요가 없다는 믿음을 그의 아버지(더그 헤이호)에게서 물려받았다고 고백합니다. 캐서린은 제4차 로잔대회에서 세계 교회가 '창조세계 돌봄'을 함께 격려하고 요구해야 한다고 외친 유일한 목소리였습니다. 또한, 지난 포럼에서도 과학 영역에서 발견한 부인할 수 없는 여러 증거를 제시하였으며, 동시에 신앙 영역에서 자신이 확신을 갖고 실천하며 전수하는 지혜를 나누어 주었습니다. 그리고 포럼 기간에 함께했던 여러 발표자와 잊을 수 없는 대담을 선물해 주었습니다.

우리는 지금까지 나눈 이 모든 말씀 앞에서 모른다고 할 수도 없고 모른 척할 수도 없습니다. 여러분에게 들리는 선지자들과 창조세계의 목소리 앞에서, 그리고 여러분 안에서 말씀하시는 분의 음성 앞에서 이제는 행함으로 나아가야 합니다. "네가 보거니와 믿음이 그의 행함과 함께 일하고 행함으로 믿음이 온전하게 되었느니라"(야고보서 2:22, 개역개정).

🎤 **캐서린 헤이호**

지구의 내일을 당신에게

저는 기후 과학자로서 현재 우리가 직면한 여러 위기를 돌아보고자 합니다. 이 위기는 우리 스스로가 초래한 것입니다. 우리는 산업 혁명을 통해 석탄, 가스, 석유 등 화석연료에 의존하는 경제 체제를 구축했고, 산업을 발전시켰으며, 지구상의 인구를 80억 명으로 늘어나게 했습니다. 이렇게 하는 동안 우리는 경제 시스템에 투입되는 자원의 가치와 경제 시스템이 배출하는 비용에 대해 전혀 고려하지 않았습니다. 다시 말해 우리가 구축한 경제 시스템은 우리가 무한한 자원을 보유하고 있으며, 배출하는 것은 오염이든 폐기물이든 우리에게 아무런 비용을 부과하지 않고 아무런 영향을 끼치지 않는다는 두 전제 위에 세워져 있습니다. 물론 이 전제들은 사실이 아닙니다.

우리는 80억 명의 다른 사람들과 함께 둥근 지구 위에서 살고 있습니다. 이는 우리의 자원이 유한할 뿐 아니라, 우리의 산업 및 경제 시스템이 배출하는 것을 처리하는 데 비용이 발생함을 의미합니다. 그 비용이 바로 오늘날 우리가 직면하고 있는 위기들, 곧 오염 위기, 생물다양성 위기, 기후 위기를 낳았습니다. 이것들 각각에 대해 간단히 이야기해 보겠습니다.

인류가 직면한 세 가지 위기

먼저 오염 위기입니다. 우리가 처음 오염에 대해 알게 된 것은 이미 오래전입니다. 최초의 대기 오염 관련 법률은 700년 전 영국에서 제정되었습니다. 당시 에드워드 Edward I, 1239-1307 왕은 그의 왕비가 왕궁에 머무는 동안 대기 오염을 유발하는 바다 석탄 sea coal 의 연소를 금지했습니다. 바다 석탄이 심각한 대기 오염을 유발했기 때문입니다. 위반에 대한 처벌은 사형이었습니다. 이것이 최초의 대기질 관련법입니다.

그러나 오늘날 우리는 오염이 전 세계적으로 훨씬 더 광범위하게 퍼져 있음을 알고 있으며, 오염이 우리 삶과 우리 몸에 어떤 영향을 미치는지를 날마다 더 알아가고 있습니다. 매주 새로운 연구 결과가 발표되면서 오염의 영향이 우리가 생각했던 것보다 훨씬 더 크다는 사실이 밝혀지고 있습니다. 우리는 이제 미세 플라스틱이 우리 몸 전체에 존재한다는 것을 알고 있습니다. 우리는 영구 화학 물질 forever chemicals 이라고 불리는 물질도 우리 몸에 축적되었다는 것을 알고 있습니다. 또한 화석연료 연소로 발생한 미세먼지를 들이마시는 것으로 인해 매년 죽는 사람이 지금까지 전 세계에서 코로나-19로 사망한 사람보다 더 많다는 사실을 알고 있습니다. 놀랍지만, 사실입니다.

지난 몇 년 동안 우리는 가정 내 가스레인지 사용이 엄청난 양의 공기 오염을 유발한다는 사실도 알게 되었습니다. 이것은 특히 어린이와 호흡기 질환이 있는 사람들에게 치명적인 영향을 미칩니다. 우리는 날마다 오염이 우리에게 얼마나 나쁜 영향을 미치는지 새롭게 배워 가고 있습니다. 오염이 생각보다 그렇게 나쁘지 않다는 연구는 결코 나오지 않습니다. 생각보다 더 해롭다는 연구들만 나오고 있습니다. 이것이 오늘날 우리가 오염에 대해 알고 있는 최첨단의 지식입니다.

 다음으로는 생물다양성 위기에 관해 이야기해 보겠습니다. 우리는 종종 생물다양성 위기가 단지 자연의 문제이지 인간의 문제는 아니라고 생각합니다. 우리는 지난 50년 동안 관찰한 육상 동물 개체군의 크기가 70퍼센트 감소했다는 것을 알고 있습니다. 인구 증가가 생물다양성에 거대한 영향을 미쳤습니다. 우리는 곤충 개체 수가 감소한 결과 수분 매개자 개체 수가 감소했고 그것이 우리의 식량에 어떤 영향을 미치는지에 대한 이야기를 듣습니다. 지구 온난화로 인해 인구가 극지방 쪽으로 이동하고 있다는 이야기를 듣습니다. 그러나 이런 이야기 조각들을 하나로 맞추어 보지는 않습니다. 우리는 우리가 호흡하는 모든 산소가 나무와 해조류와 식물성 플랑크톤으로부터 나온다는 사실을 알지 못합니다. 우리가 마시는 모든 물은 생물권에 의해 정화됩니다. 우리가 먹는 모든 음식은 생물권에서 자랍니다. 우리가 가진 모든 자원은 생물권에서 나옵니다. 자연은 우리를 필요로 하지 않습니다. 우리가 자연에 의존하고 우리의 생명 유지를 위한 모든 것을 자연에서 얻도록 설계되었습니다.

따라서 생물다양성 위기는 인간과 분리된 창조세계의 위기가 아닙니다. 우리가 창조세계의 일부이며, 이 위기로 인해 우리가 위험에 처해 있습니다. 매일, 매주, 매달 우리는 우리가 자연에 어떻게 의존하고 있는지에 관해 새로운 지식을 얻고 있습니다. 자연이 우리에게 제공하는 서비스에 대해서도 더 많이 배우고 있습니다. 해안 습지는 폭풍 해일로부터 우리를 보호해 주며, 맹그로브 숲도 같은 역할을 합니다. 도시의 녹색 인프라는 우리를 홍수나 열로부터 보호해 줍니다. 예를 들어, 저소득층 빈민 지역이 폭염 기간에 훨씬 더 뜨거워지는데, 가장 큰 이유는 대기를 식혀 주고 낮은 온도를 유지해 주는 녹지가 부족하기 때문입니다.

생물다양성 위기 다음으로는 기후 위기가 있습니다. 기후 위기는 주로 석탄, 가스, 석유를 채굴하여 태우는 것에서 비롯합니다. 기후 위기의 거의 80퍼센트가 여기에 해당합니다. 또한 삼림 벌채, 대규모 산업형 농업, 음식물 쓰레기에서 열 포획 가스(온실가스)가 발생합니다. 한국은 음식물 쓰레기를 줄이는 일에 가장 앞장서는 나라입니다. 기후 변화를 일으키는 원인에 관해서는 인공위성 데이터를 통해 매년 더 많은 것을 발견하고 있습니다. 인공위성 데이터가 보여 주는 것은 오래된 유정에서 기름이 새면서 엄청난 양의 메탄가스를 배출하고 있다는 것입니다. 메탄은 매우 강력한 열 포획 가스입니다. 인공위성은 삼림 벌채도 식별해 내는데, 특히 세계의 많은 열대 우림 지역에서 불법 벌목이 이루어지고 있습니다. 이는 생물다양성 문제를 초래하기도 합니다.

우리는 탄소 오염 배출이 어디에서 얼마나 발생하는지에 대해 여전히 더 많이 배우고 있지만, 인간이 그 원인이라는 것은 확실히 알고 있습니다. 우리는 1800년대부터 석탄, 가스, 석유를 채굴하는 것이 지구에 담요를 두르듯이 열 포획 가스를 생성하여 지구 온난화를 초래한다는 사실을 알고 있었습니다. 우리는 태양, 화산, 자연 순환과 같은 모든 자연적 요인을 살펴보았고, 이러한 요인만으로는 지금은 더워지기보다 차가워지고 있어야 한다는 것을 알고 있습니다. 그러나 지금 지구는 점점 더 빠르게 더워지고 있습니다. 우리는 기후가 변화하고 있으며, 그 책임이 인간에게 있다는 것을 알고 있습니다. 이것이 우리가 직면하고 있는 세 가지 위기, 곧 기후 위기, 오염 위기, 생물다양성 위기입니다. 오늘날 우리가 알고 있는 것에는 또 무엇이 있을까요?

지구 이상화 현상

우리는 지구의 역사를 되돌아보면서 이렇게 많은 양의 탄소가 이토록 빠르게 대기로 유입된 적이 없다는 것을 알고 있습니다.

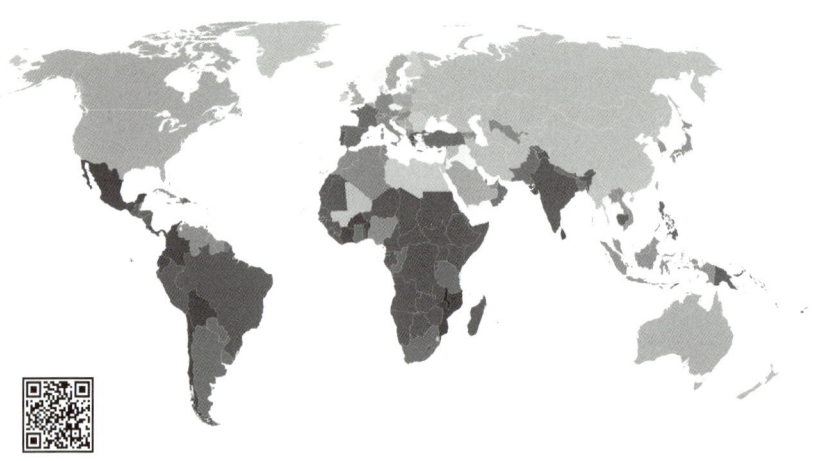

기후 변화를 걱정하는 사람들
기후 변화를 걱정한다고 응답한 사람의 비율이 높을수록 색이 진해진다(원본 보고서 9쪽, 큐알 코드).
출처: Yale Program on Climate Change Communication / 지도: Datawrapper

따라서 우리는 우리의 유일한 집인 지구를 두고 전례 없는 실험을 하고 있다고 해도 과언이 아닙니다. 또한 전 세계의 여론 조사 결과를 보면 사람들이 마침내 이 사실을 인식하고 있음을 알 수 있습니다. 사람들에게 기후 변화에 대해 걱정하고 있는지 물어보면, 이제 전 세계 대부분의 사람이 그렇다고 답합니다.

따라서 대부분의 사람이 기후 변화에 대해 우려하고 있습니다. 그런데 다른 설문 조사에 의하면 대부분의 사람이 이미 기후 변화의 영향을 경험하고 있다고 답합니다. 왜냐하면 우리 같은 과학자들은 지구의 변화를 측정하는 방법으로 지구 온도를 언급하지만, 여러분과 제가 일상생활에서 경험하는 것은 지구 전체가 따뜻해지는 식의 지구 온난화가 아닙니다. 우리가 경험하는 것은 제가 '지구 이상화Global Weirding'라고 부르는 현상입니다. 다시 말해, 날씨가 점점 이상해지는 것입니다. 이번 주에 네팔에서 기록적인 홍수가 발생하여 이미 100명 이상이 목숨을 잃었습니다. 마을과 도시가 파괴되었습니다. 같은 일이 지구 반대편, 미국 노스캐롤라이나주와 테네시주에서도 일어나고 있습니다. 수백, 수천 명이 집을 잃었고 도시가 홍수로 파괴되었습니다. 이것은 이번 단 한 주 동안 일어난 일입니다. 지난주에는 유럽에서 기록적인 홍수가 발생했습니다. 태풍 야기Yagi는 베트남에서 수백 명을 죽게 했고, 상하이를 마비시켰고, 캄보디아와 미얀마를 비롯한 동남아시아의 여러 도시를 강타했습니다.

매주 날씨의 주사위 판이 우리에게 불리하게 작용하고 있습니다. 지금 제가 한 말이 무슨 의미일까요? 우리가 사는 곳이 어디든 그곳에서 우리가 날씨 주사위 두 개를 가지고 있다고 생각해 보십시오. 그런데 이상하게도 주사위를 던질 때마다 두 개가 모두 6이 나오고 있는 것입니다. 가뭄, 폭염, 홍수, 폭풍을 마주할 확률이 점점 높아져 가고 있습니다. 세계가 꾸준히 더워지면서 마치 누군가가 몰래 주사위 결과를 6으로 바꾸고 나머지 하나도 자연스럽게 6이 나오게 만드는 것처럼 느껴집니다. 언젠가는 주사위에서 7이 나올 것입니다. 그리고 우리는 어떻게 이런 일이 일어날 수 있는지 묻습니다. 전 세계적으로 이상화 현상이 심각해지고 있습니다.

    과연 무슨 일이 일어나고 있는 것일까요? 구체적으로 말하면, 폭염 기간이 점점 길어지고 있습니다. 2024년 4월과 5월에 아시아에서는 끔찍한 폭염이 있었습니다. 그래서 더운 계절이 점점 길어지고 있습니다. 폭염 자체가 강해지고, 지속 기간도 길어지고 있습니다. 또 어떤 현상이 나타나고 있을까요? 가뭄이 발생하면, 이전보다 훨씬 더 오래 지속되고, 이전보다 훨씬 더 강렬하고 위험해졌습니다.

    특히 제 고향인 캐나다와 유럽을 비롯한 다른 지역에서는 산불 피해 지역이 확장되고 있습니다. 왜 그럴까요? 사람이 실수로 불을 붙이거나 번개가 치는 등의 이유로 일단 산불이 발생하면, 모든 식물이 뜨겁고 건조하기 때문에 과거보다 훨씬 넓은 지역을 더 빨리 태워 버립니다. 태풍, 사이클론, 허리케인(이것은 모두 같은 유형의 폭풍으로, 지역마다 다른 이름으로 불립니다)도 점점 더 강력해지고 있습니다. 왜 그럴까요? 따뜻한 해수로부터 에너지를 공급받기 때문입니다. 앞에서 저는 지구 주위를 감싸고 있는 담요에 대해 언급했습니다. 그 담요에 가두어진 열의 90퍼센트가 바다로 흘러들고, 그곳에서 폭풍을 일으킵니다. 사이클론, 태풍, 허리케인이 더 자주 발생하는 것은 아닙니다. 그러나 발생하는 사이클론, 태풍, 허리케인은 더 빨리 발달하고, 더 강해지고, 훨씬 더 많은 비를 쏟아붓고, 더 위험해지고 있습니다. 열대성 폭풍과 함께 과거에 없던 폭우와 홍수가 증가하는 것을 봅니다. 왜 그럴까요? 따뜻한 공기에는 더 많은 수증기가 포함되기 때문입니다. 따라서 예전과 같이 폭풍이 오더라도, 50년 또는 100년 전보다 더 많은 수증기를 흡수하여 우리에게 쏟아붓게 됩니다.

또 어떤 새로운 일들이 있을까요? 기후 과학의 가장 새로운 분야 중 하나는 '개별 사건 귀속individual event attribution'이라는 분야입니다. 이 말은 무슨 뜻일까요? 20년 전에는 홍수나 폭염, 폭풍이 발생했을 때 기자가 기후 과학자에게 전화해서 "이것이 기후 변화의 영향인가요?"라고 물으면 과학자들은 이렇게 말했습니다. "어떤 하나의 사건을 기후 변화의 탓이라고 말할 수는 없지만, 20-30년이라는 기후 변화의 시간 척도에서 보면 이러한 유형의 폭염이 더 자주 발생했고, 이러한 유형의 폭풍이 더 강해졌고, 이러한 유형의 산불이 더 넓은 지역을 태웠다는 것을 알 수 있습니다." 그것이 예전에 우리가 했던 말입니다. 그러나 이제 기후 과학의 최전선에서는 기후 변화가 특정 사건을 얼마나 더 악화했는지를 수치로 나타낼 수 있게 되었습니다.

예를 들어 보겠습니다. 7년 전, 제가 살고 있는 텍사스주를 강타한 허리케인 하비Harvey가 있었습니다. 그렇다면 100년 전 같은 시기에 허리케인이 발생했을까요? 그렇습니다. 그 허리케인이 그렇게 강하고 큰 피해를 입혔을까요? 아닙니다. 우리 과학자들이 그것을 계산해 보았습니다. 그 결과 허리케인 하비가 내린 비의 거의 40퍼센트는 인간이 초래한 기후 변화의 영향 때문에 더 내린 것이었습니다. 그런 다음 홍수 피해 지역을 살펴보면, 휴스턴의 많은 지역이 누적 강수량 30-50센티미터의 강우까지 대비했지만 그 이상은 대비하지 못했기 때문에 홍수 피해 지역이 훨씬 넓어졌습니다. 따라서 비가 많이 내릴수록 홍수 피해 지역이 넓어지고 피해도 커집니다. 그래서 과학자들은 동일한 폭풍이 100년 전에 발생했다면 오늘날 입은 경제적 피해의 2/3에서 3/4 정도는 발생하지 않았을 것이라는 계산도 해냈습니다.

    2021년 6월에는 캐나다에서 미국 서부 해안 지역까지 엄청난 폭염과 산불이 발생했습니다. 기후 변화로 인해 폭염 발생 확률은 150배나 높아졌습니다. 최근 2주 전에 유럽에서 발생한 홍수에 대해서는 과학자들이 벌써 계산을 마쳤는데, 기후 변화로 인해 그 발생 가능성이 여러 배 더 높아졌다고 말합니다. 이것이 바로 날씨의 주사위 판이 우리에게 불리하게 작용하고 있다는 말의 의미입니다. 어떤 경우에는 기후 변화가 없었다면 재앙이 발생하지 않았을 것이라는 계산이 나온 경우도 있습니다. 예를 들어, 시리아와 이라크와 이란에서는 작년 여름 이후 다년간에 걸친 매우 심각한 가뭄이 지속되고 있습니다. 이번 여름이 아니라 작년 여름부터 시작된 가뭄입니다. 연구에 따르면 현재의 가뭄은 지금까지 지구의 온도가 섭씨 1.2도 상승한 데 따른 결과입니다. 현재의 가뭄은 극심한 가뭄 extreme drought 입니다. 그런데 기후 변화가 없었다면, 이런 수준의 가뭄은 존재하지 않았을 것입니다. 강수 부족량이 아주 적어서 가뭄이라고도 할 수 없을 정도였을 것입니다. 물론, 지구의 온도가 2도 정도 올라간다면 이 가뭄은 더 승격되어 예외적 가뭄 exceptional drought 이 될 것입니다. 이는 기후 변화가 우리의 날씨 주사위 판을 불리하게 만들지 않았더라면 전혀 문제가 되지 않았을 사건의 예입니다.

두려움에서 지식과 희망으로

우리의 지식이 증가하는 영역은 자연 과학 분야만이 아닙니다. 이제 우리는 사회과학, 곧 인간과 정보의 상호 작용을 연구하는 분야에서도 훨씬 더 많은 지식이 생겼습니다. 지난 몇 년 동안 우리가 배운 가장 중요한 것 중 하나는 사람들이 "기후 변화가 일어나지 않는다"라고 말하거나, "그것이 심각하지 않다"라고 말하거나, "우리가 할 수 있는 일이 없다"라고 말할 때, 그들은 실제로 과학적 지식과 관련한 문제가 아니라 해결책에 관련한 문제를 느끼고 있다는 사실입니다. 그들은 기후 변화가 실제로 자신들과 관련이 있다고 생각하지 않으며, 우리가 기후 변화에 대해 무엇을 할 수 있는지 알지 못합니다. 그래서 우리가 과학에 대해 논쟁을 벌인다면(저는 과학자이기 때문에 많은 과학적 논쟁을 벌일 수 있지만), 그것은 실제로 다루어야 할 문제를 다루는 것이 아닙니다. 대부분의 사람은 실제로 기후 변화에 대해 걱정하고 있습니다. 과학적 지식과 관련된 내용은 이미 그들의 머릿속에 있습니다. 우리는 그들이 머리와 마음을 연결할 수 있도록 도와야 합니다. 그들에게 왜 그것이 중요한지 느끼도록 돕고, 마음을 손과 연결하도록 도와야 합니다.

실제로 변화를 일으키는 진정한 해결책은 어떤 모습일까요? 사람들은 종종 우리가 해야 할 일은 사람들을 겁주는 것이라고 말합니다. "우리는 사람들에게 기후 변화가 얼마나 무서운지 보여 주어야 합니다. 그것이 얼마나 무서운 일인지 이해한다면, 그들은 옳은 일을 할 것입니다!" 글쎄요. 만일 아무도 그 문제에 대해 걱정하지 않고 있다면, 우리는 사람들이 기후 위기를 얼마나 심각한 문제인지 확실히 이해하게 해야 합니다. 문제가 있다는 것 자체를 모른다면 문제를 해결하려고 하지 않을 것입니다. 그러나 전 세계 대부분의 사람은 이미 걱정하고 있습니다. 그래서 사회과학은 대부분의 사람이 이미 걱정하고 있으면서도 왜 행동하지 않는지를 연구해 왔습니다. 그리고 밝혀진 사실은 우리의 뇌 회로가 두려운 동기로는 장기적 해결책이 필요한 문제에 반응하지 않도록 구성되어 있다는 것입니다.

제가 가장 좋아하는 성경 구절은 디모데후서 1장 7절입니다. 그 구절은 "하나님께서는 우리에게 비겁함의 영(개역개정:

두려워하는 마음)을 주신 것이 아니라, 능력과 사랑과 절제의 영을 주셨습니다"라고 말합니다. 신경과학자들과 사회과학자들이 기후 변화에 대처하는 일에는 두려움만으로 충분하지 않다는 사실을 발견해 냈습니다. 이 발견은 저에게 매우 흥미로웠습니다. 구체적으로 말하면, 기후는 변하고 있고 우리는 염려하고 있습니다. 우리는 종종 사람들에게 더 많은 공포를 주거나 더 무서운 정보를 공유합니다. 그러나 신경과학자 탈리 셰라트 Tali Sherratt가 말하듯이, 두려움과 불안은 우리로 하여금 행동을 취하기보다는 물러서거나 얼어붙거나 포기하게 만듭니다. 그래서 우리 과학자들은 사람들이 행동하도록 돕기 위해 무엇이 필요한지를 발견했습니다. 우리는 그들의 머리와 가슴을 연결시켜 그들이 왜 그것이 중요한지 이해할 수 있도록 도와야 합니다. 다시 말하지만, 문제가 왜 발생하는지 알지 못한다면, 왜 그것을 고치려고 하겠습니까? 일단 그 일을 하고 나면, 우리는 사람들이 그들의 가슴과 손을 연결할 수 있도록 도와야 합니다.

이 일에 대해 우리는 무엇을 할 수 있습니까? 더 나은 미래는 어떤 모습일까요? 셰라트는 계속해서, 인간의 뇌는 앞으로의 행동을 보상과 연결하도록 만들어졌으며, 단순히 피해를 회피하는 것과 연결되어 있지 않다고 말합니다. 그러므로 그녀는 당신의 메시지를 재구성하라고 말합니다. 그녀가 말하는 것은 기후 변화에 관한 메시지뿐 아니라 모든 메시지에 대한 것입니다. 그녀는 여러분이 만들어 내는 정보가 두려움이 아닌 희망을 불러일으키도록 메시지를 재구성해야 한다고 말합니다. 지금 우리가 행하도록 부름받은 일이 바로 그 일이 아닐까요? 우리는 희망과 사랑을 나누도록 부름받지 않았습니까? 그러므로 저는 이것이 우리의 정체성과 완벽하게 일치한다고 생각합니다. 우리가 이런 문제들에 대해 이야기하는 방식은 하나님의 자녀로서 우리의 정체성과 완전히 일치해야 합니다. 우리는 이미 하나님의 사랑을 받은 사람들입니다. 로마서가 말하듯이, 희망은 환난에서 시작됩니다. 환난은 인내를 낳고, 인내는 연단을 낳으며, 연단은 소망을 낳기 때문입니다(로마서 5:3-4). 소망은 우리를 실망시키지 않습니다. 왜냐하면 우리의 소망은 우리 마음에 쏟아부어진 하나님의 사랑에 근거하기 때문입니다(로마서 5:5).

 그래서 사회과학은 두려움이 해결책이 될 수 없다고 말한다는 점이 저에게는 정말 흥미롭습니다. 우리가 직면한 이런 문제들, 이런 위기들에 관해 사람들을 설득하고자 할 때, 그 원인을 이해하기 위해 건전한 지성을 사용하는 것이 중요합니다. 특히 이 위기로 인해 가장 큰 영향을 받고 있는 사람들을 사랑으로 대하는 것이 중요합니다. 우리 모두가 이 위기의 영향을 받지만 그 영향의 정도가 동일하지는 않습니다. 이미 가난하고 취약하며 소외된 사람들은 더 큰 영향을 받고 있는데 불공평한 것은 그들이 문제의 발생에 가장 적게 기여한 사람들이라는 점입니다. 하지만 우리를 마비시키는 두려움에 사로잡히기보다는 행동하는 능력과 힘으로 대응해야 합니다. 우리는 하나님이 우리에게 능력과 사랑과 건전한 정신의 영을 주셨음을 믿습니다.

우리가 나눌 수 있는 좋은 소식

제가 마지막으로 여러분에게 전하고 싶은 말은, 우리가 정말로 좋은 소식을 나눌 수 있다는 사실입니다. 오염 위기, 생물다양성 위기, 기후 위기에 대한 해결책들을 더 많이 알게 될수록, 이러한 해결책들이 현재보다 더 나은 미래를 가져올 것임을 더 많이 깨닫게 됩니다. 이러한 해결책들은 우리에게 더 깨끗한 공기와 더 안전한 물을 제공할 것입니다. 폭풍, 홍수, 산불과 같은 재해로부터 우리를 보호해 줄 것입니다. 또한 우리의 신체적·정신적 건강을 개선하고 더 많은 에너지를 더 저렴하게 제공해 줄 것입니다. 태양광 에너지는 현재 인간이 알고 있는 가장 저렴한 전기를 공급해 줍니다. 이 에너지는 우리의 불평등을 줄이고, 더 건강한 생태계와 식량 체계를 만들어 주며, 더 나은 안정적인 세상을 만들어 줄 것입니다.

그렇다면 이러한 해결책들은 어떤 모습일까요? 한 가지를 모든 사람이 실천하여 문제를 해결할 수 있는 방법은 없습니다. 그러나 수많은 다양한 해결책이 존재하는데 그것은 마치 인류가 수많은 차이와 다양성 속에서 한 몸인 것과도 비슷합니다.

몸에는 고유한 기능을 가진 다양한 부분이 있듯이, 이 문제에 대한 해결책들도 각각 고유한 기능을 가진 다양한 부분이 있습니다. 그러나 이 해결책들을 분류해야 한다면 저는 세 가지 범주로 분류할 것입니다.

무엇을 해야 할까요?

① 호스(탄소 배출)를 잠가요.
② 수영(기후 변화에 적응하고 대응하는 방법)을 배워요.
③ 배수구(자연 기반 탄소 흡수원)를 더 크게 만들어요.

* 호스=인간의 탄소 배출 / 물=대기 중 이산화탄소 / 배수구=자연의 탄소 흡수

수영장의 비유로 설명해 보겠습니다. 수영장은 대기를 나타내고, 수영장의 수위는 대기에 있는 열 포획 가스의 수준을 나타냅니다. 산업혁명 초기에 우리는 수영장에 거대한 호스를 꽂아 놓고 매년 호스에 들어가는 물을 점점 더 세게 틀었습니다. 따라서 기후 문제 해결책의 첫 번째 범주는 호스로 공급되는 물을

잠그는 것입니다. 그것이 어떤 것들일까요? 에너지 효율성을 높이는 것, 곧 에너지 낭비를 줄이는 것입니다. 에너지를 생산하는 가장 저렴한 방법은 에너지를 절약하는 것입니다. 그다음으로는 청정에너지 생산입니다. 또한 나무를 베지 않고, 열 포획 가스를 배출하지 않는 방식으로 토지를 이용하고 농사를 짓는 일입니다. 이런 것들은 행동의 변화입니다. 그리고 탄소 포집과 저장 같은 기술을 사용해야 하는데, 이것은 매우 비싸고 에너지 집약적인 해결책입니다. 이런 기술은 호스로 들어가는 물 전체를 차단하지 못하며 호스로 흘러드는 마지막 몇 방울을 제거하는 보조적 역할만 할 수 있습니다.

그러나 그 외에도 우리의 수영장에는 배수구가 있습니다. 그 배수구는 바로 자연입니다. 이 배수구를 더 키우면 생물다양성을 보존하는 것 이상의 효과를 거둘 수 있습니다. 대기 중의 탄소를 제거하여 우리가 원하는 곳(토양, 생태계, 초원, 숲, 해안 습지 등)에 다시 저장할 수 있습니다. 배수구를 더 크게 만드는 일은 어떤 일일까요? 첫째로 우리가 이미 가지고 있는 자원을 보존하는 것입니다. 생태계는 우리가 나무를 심을 수 있는 것보다 훨씬 더 많은 탄소를 저장하고 있으므로 이미 가지고 있는 생태계를 보존해야 합니다. 둘째로 훼손된 생태계를 복원하는 것입니다. 셋째로 생태계를 재생하는 것입니다. 이는 우리가 존재하던 생태계를 파괴한 곳에 실제로 나무를 심는 일입니다.

기후 친화적 농업을 통해 대기 중 탄소를 제거하여 우리가 원하는 토양에 다시 저장할 수 있습니다. 수확하지 않는 피복 작물을 심는 것과 같은 일입니다. 피복 작물은 그냥 자라도록 내버려두는 작물입니다. 자라면서 대기 중의 탄소를 흡수합니다. 농부들은 그것을 갈아엎어서 땅으로 돌려보내고 그 작물이 흡수한 탄소는 토양에 들어가 훌륭한 천연 비료가 됩니다. 그리고 마지막 몇 방울을 위해, 우리는 탄소 직접 포집과 같은 비싸고 에너지 집약적인 기술을 사용합니다. 그것들은 배수구 전체를 더 크게 만들 수는 없지만, 마지막 몇 방울을 처리하는 데 도움이 될 수 있습니다. 그러나 우리가 해야 할 일이 하나 더 있습니다.

수영장의 수위가 너무 높아 많은 사람들이 발가락이 바닥에 닿지 않습니다. 그래서 우리는 사람들이 수영하는 법을 배울 수 있도록 도와야 합니다. 그것은 바로 적응입니다. 사람들이 자신의 인프라와 지역 사회에 적응할 수 있도록 도와야 합니다. 우리는 자연과 함께 일할 수 있고, 녹지 공간과 친환경 도시를 제공함으로써 극심한 더위와 홍수에 적응하도록 돕고 동시에 생물다양성을 복원하며 탄소를 흡수할 수 있습니다.

제가 말하려고 하는 바는, 사람과 자연과 기후 문제에 모두가 유익한 윈-윈-윈win-win-win 해결책이 있다는 것입니다. 그래서 사람들이 "할 일이 너무 많은데 어디서부터 시작해야 할까요?"

라고 말하면, 저는 여러 문제를 동시에 해결하는 일부터 시작하라고 말합니다. 사람들에게 더 많은 깨끗한 물을 제공하고, 외래 침입종을 줄여서 생물다양성을 보호하고, 기후의 회복력을 높이는 일부터 시작하면 됩니다. 예를 들어 어떤 것이 있을까요?

물 부족으로 어려움을 겪고 있는 케이프타운 같은 경우에는 저수지에 침입한 외래종을 제거하는 것과 같은 일을 할 수 있습니다. 또는 농경지 주변에 나무를 심어 탄소를 흡수하고 그늘을 만드는 동시에 물을 저장하여 농부들이 더 많이 수확하게 할 수 있습니다. 앞서 언급한 도시 지역의 녹화도 한 예가 될 것입니다. 사람과 자연 모두에게 유익한 해결책이 많이 있습니다. 이러한 해결책을 더 많이 살펴볼수록 왜 우리는 모든 곳에서 이 일들을 실행하지 않는가, 하는 생각을 하게 됩니다.

이것이 저의 마지막 요점으로 이어집니다. 기후 변화에 대처하고, 오염과 생물다양성 위기에 대처하기 위해 우리가 실천할 수 있는 가장 중요한 일은 무엇일까요? 어떻게 시작할 수 있을까요? 제가 첫 부분에서 여러분에게 보여 드렸던 지도를 떠올려 보십시오. 전 세계에서 얼마나 많은 사람이 기후 변화에 대해 염려하고 있는지를 보여 주는 지도입니다. 이 조사를 했던 연구자들은 사람들에게 혹시 그 문제에 대해 다른 사람에게 말해 본 적이 있는지 물었습니다. 그런데 대부분의 사람은 없다고 대답했습니다. 이 부분이 중요합니다. 말하는 것이 중요합니다.

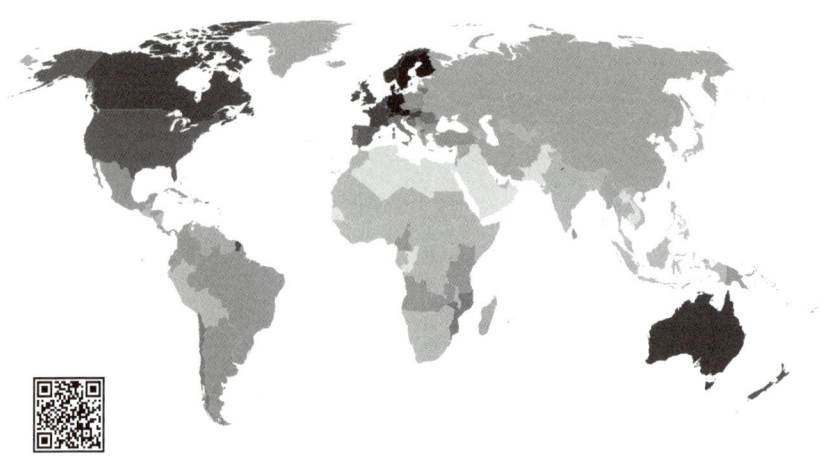

기후 변화 관련 정보를 자주 접하는 사람들
기후 변화 정보를 주 1회 이상 듣는 사람의 비율이 높을수록 색이 진해진다(원본 보고서 8쪽, 큐알 코드).
출처: Yale Program on Climate Change Communication / 지도: Datawrapper

왜 그럴까요? 사람들이 무언가에 대해 말하지 않는다면 그 일을 실행하는 것은 불가능하기 때문입니다. 말하는 것은 우리의 자의식을 변화시키고, 주위 사람들의 생각을 바꾸며, 우리가 무언가를 행함으로써 변화를 일으킬 수 있을지에 대한 우리의 감각도 변화시킵니다. 이것이 바로 '효능감'이라는 말의 의미입니다. 말하는 것은 행동과 관련한 우리의 능력과 의지를 변화시킵니다. 그래서 우리가 알게 된 가장 중대한 사실은 모든 사람이 변화를 촉발할 수 있는 가장 강력한 도구를 가지고 있다는 것입니다. 그 도구는 바로 우리의 목소리입니다.

한 사람이 변화를 일으킬 수 있다는 것을 어떻게 알 수 있을까요? 위 지도를 보면 어떤 나라들은 진하게 표시되어 있는 것을 볼 수 있습니다. 확실한 것은 아니지만, 저는 이 국가들이 진하게 표시된 이유가 한 젊은 여성 때문이라고 생각합니다. 그녀는 흰 종이에 몇 마디의 글을 적어 들고 기후를 위한 걸음을 내디뎠습니다. 그녀는 스웨덴 의회 밖에서 시위를 시작했는데, 그녀가 바로 그레타 툰베리Greta Thunberg입니다.

수년 전, IPCCIntergovernmental Panel on Climate Change, 기후 변화에 관한 정부간 패널의 최신 보고서가 발표되었을 때, 저는 이러한 심각한 뉴스에 직면하여 어떻게 희망을 찾을 수 있는지에 대한 글을 부탁받았습니다. 역사를 돌아보면서, 오늘날 우리에게 필요한 대규모 사회 변화가 과거에도 일어난 적이 있었다는 사실을 알게 되었습니다. 그런 변화에는 그리스도인 공동체의 목소리도 많이 개입되어 있었습니다. 우리는 어디에서 희망을 찾을 수 있을까요? 행동에서 찾을 수 있습니다. 세상은 과거에도 바뀐 적이 있습니다. 그런 변화가 일어났을 때, 그것은 대통령이나 총리나 최고경영자나 어느 유명인의 결정 때문이 아니었습니다. 영국 국왕이 "금요일이므로 이제 노예제를 폐지하자"라고 결정하거나, 미국 대통령이 "여성에게도 투표권을 주자"라고 말하거나, 남아프리카공화국의 국가당이 아파르트헤이트를 폐지하기로 결정하면서 변화가 시작되지 않았습니다. 변화는 평범한 사람들이, 특별한 힘이나 부나 명성과는 상관없는 사람들이, 세상이 달라질 수 있고 달라져야만 한다고 결단하면서 시작되었습니다. 우리는 그중 몇몇 이름을 알고 있지만, 대부분의 이름은 알지 못합니다. 더 나은 세상을 위한 비전을 나누고 지지하고 그것을 위해 싸웠던 이 사람들은 누구였을까요? 그들은 확고한 신념을 가진 용기 있는 사람들이었고, 필요한 체계적 사회 변화를 옹호하기 위해 목소리를 냈습니다. 그들은 누구였을까요? 그들은 바로 우리입니다. 우리가 바로 과거에 세상을 바꾼 사람들이었고, 다시 세상을 바꿀 수 있는 사람들이기도 합니다. 왜 그럴까요? 저는 확신합니다. 오늘날 이미 기후 변화의 영향을 받고 있는 하나님의 피조물과 사람들과 다른 생명체들을 돌보는 것은, 우리 믿음의 진정한 표현이며 우리 책임을 신실하게 받아들이는 것이며, 하나님 사랑의 참된 표현입니다. 사도 바울이 갈라디아서에서 말씀한 것처럼, 우리의 믿음은 사랑으로 표현될 때만 의미가 있기 때문입니다(갈라디아서 5:6).

인터뷰

멜로디 | 제가 궁금한 부분은 폭풍과 기상 문제가 온실가스 때문에 발생하는 것보다 훨씬 더 강력하다는 것을 어떻게 계산했는지 일반인의 눈높이에 맞춰 다시 설명해 주실 수 있겠습니까? 어떻게 그런 계산을 하셨나요?

캐서린 | 과학자들이 하는 일을 설명하겠습니다. 이 분야는 제가 실제로 하는 분야입니다. 과학자들은 물리학 법칙에 화학 및 생물학 법칙을 추가하여 매우 복잡한 지구의 기후 모델을 만들었습니다. 그래서 우리는 사람이 없는 지구의 모델을 만들 수 있고, 그다음에는 사람이 있는 지구의 모델을 만들 수 있습니다. 이 두 가지 다른 지구에서 허리케인이 형성될 때 어떤 일이 발생하는지, 열대성 폭풍에서 1등급, 2등급, 3등급, 4등급으로 얼마나 빨리 격상되는지, 얼마나 더 강해지는지, 얼마나 더 많은 비를 쏟아붓는지 살펴봅니다. 대기가 얼마나 따뜻하고 수증기를 얼마나 많이 포함하며, 그 결과로 얼마나 비가 많이 내리는지는 매우 명확한 관계가 있습니다. 따라서 귀속attribution 연구 영역에서는 이 다른 두 세계를 비교합니다. 인간의 영향이 있는 지구와 없는 지구를 비교하여 상당히 정확하게 계산을 해낼 수 있습니다. 그래서 얼마나 더 극단적인 상황이 일어났는지, 얼마나 더 강력하고, 얼마나 더 위험해졌는지를 알 수 있습니다. 예전에는 이런 계산에 1년에서 2년이 걸렸지만, 지금은 1-2주 안에 가능합니다. 2주 전 일어난 유럽 홍수에 대한 공식적인 귀속 연구는 이미 발표되었습니다. 이번 주에 네팔과 노스캐롤라이나, 테네시에서 발생한 홍수에 대한 귀속 연구도 2주 안에 발표될 것으로 예상합니다.

사라 | 감사합니다, 캐서린. 평범한 사람들이 변화를 일으킨다는 것을 이해하고 알게 되니 용기를 얻었습니다. 저는 우간다 알버타인 리프트에서 석유 탐사를 하는 복잡한 상황에 처해 있습니다. 아마 들어 보셨을 겁니다. 생물다양성의 핵심 지역입니다. 교회들이 발언하려고 하면, 그들은 개발의 적으로 낙인을 찍힙니다. 그들 중 일부는 실제로 공격을 당하고, 심지어 목숨을 잃기도 합니다. 왜냐하면 당국에서는 국가 발전을 위해 석유를 시추해야 한다고 생각하기 때문입니다. 이런 문제에 대해서 어떻게 생각하시나요? 우리는 어떻게 이런 상황을 극복할 수 있을까요?

캐서린 | 그것은 매우 어려운 상황인데, 우간다에서만 일어나는 일은 아닙니다. 예를 들어, 제가 어린 시절을 보냈던 콜롬비아는 실제로 석유와 가스 채굴, 광업, 기타 산업 활동과 생물다양성 중요 지역 개발에 반대를 외치는 이유로 가장 많은 사람이 살해되는 나라입니다. 우리는 미래를 위해 싸우는 전쟁 가운데 있습니다. 그것은 한 집단의 인간이 다른 집단의 인간을 상대로 하는 전쟁이 아닙니다. 모두가 함께 살든지 모두가 함께 죽든지 하는 전쟁입니다. 그러나 안타깝게도 어떤 사람들은 무엇이 위태로운지 알지 못하고, 자기 자녀의 미래보다는 단기적인 이익을 더 중요하게 생각합

니다. 그래서 이 상황이 매우 어려운 것입니다.

우리가 직면한 도전은 종종 이러한 개발이 일자리가 필요한 사람들에게 단기적으로 이익이 되는 것처럼 보인다는 점입니다. 많은 사람에게는 가족을 부양하기 위한 일자리가 필요합니다. 그러므로 지속 가능한 개발에 투자해야 하는 이유가 그만큼 더 많아집니다. 지속 가능한 개발을 통해 사람들에게 필요한 식량과 생활비를 제공해야 합니다. 저는 이것이 우리가 해야 할 일의 중요한 요소라고 생각합니다. 대안 없이 사람들에게 단순히 거기서 일하지 말라고만 말할 수는 없기 때문입니다. 우리는 사람들이 생계를 유지하고 가족을 부양하도록 그들의 나라에 투자할 수 있는 다양한 방법을 찾아야 합니다. 그래서 저는 월드비전과 같은 단체의 활동을 높이 평가합니다. 이 단체는 단순히 사람들의 건강을 돌보고, 어린이를 위한 지원이 필요한 가정을 돌보는 것뿐만 아니라, 지속 가능한 농업과 소규모 사업, 소액 대출 프로그램 등에 투자합니다. 왜냐하면 대안이 있어야 하기 때문입니다. 안타깝게도 당신이 지적한 것처럼 어느 곳에서는 그런 대안이 전혀 없습니다. 따라서 이러한 개발로 인해 가장 큰 위험에 처할 사람들이 단기적으로 이용되고 단기적 필요를 제공받는데, 결국 그 대가로 자신의 미래를 희생하고 있습니다.

캐롤라인 | 감사합니다. 우리가 기후 문제의 해결책을 빠르게 확대 적용해 나가야 할 것 같습니다. 많은 국가가 탄소중립을 약속했고, 대기업들도 참여하고 있습니다. 그리고 이 포럼을 통해서 탄소 상쇄와 그 프로젝트를 통한 착취에 대해 우려하는 토착민 공동체들의 이야기를 들었습니다. 그렇다면 대기업들이 앞으로 제공할 기후 관련 자금을 어떻게 활용할 수 있을까요? 또한 이러한 기후 문제 해결책이 모두에게 공정하게 진행되고, 그린워싱이나 착취가 되지 않게 하려면 어떻게 해야 할까요?

캐서린 | 아마도 캐롤라인은 대부분의 사람보다 그 답을 더 잘 알고 계실 것 같습니다. 그 답은 바로 우리에게 재정적 흐름이 필요하다는 것입니다. 그렇지 않다면 제가 말씀드린 것 같은 윈-윈-윈 해결책을 구현할 수 있는 가장 큰 잠재력이 있는 곳이 지원을 받지 못할 것입니다. 이런 지역은 기후변화의 영향을 가장 많이 받는 곳이며, 동시에 생물다양성 보존에 가장 크게 기여할 수 있는 지역이고, 의미 있는 기후 행동을 실행할 수 있는 지역이기도 합니다. 따라서 지역 공동체와 관계를 맺고 그들 안에서 일하는 것보다 더 좋은 대안은 없습니다. 어느 조직이나 단체, 또는 그들의 정부가 사람들의 동의 없이 그 지역에 들어와 지역 공동체의 참여 없

이 결정을 내리는 경우에 항상 착취가 발생합니다.

저는 국제 기관인 네이처 컨서번시The Nature Conservancy를 위해 일하고 있습니다. 이 단체는 기후 문제 해결책을 대규모로 확산하는 것을 목표로 삼습니다. 동시에 지역 공동체와 토착민이 함께 자유롭게 일하면서 충분한 정보를 바탕으로 동의를 얻는 것을 중요하게 여깁니다. 그러한 관계를 발전시키고 그러한 관계가 장기적인 관계가 되도록 하는 것입니다. 낙하산을 타고 들어가서 숲을 달라고 하고 다시 공중으로 빠져나오는 그런 관계가 되지 않도록 하기 위해서는 지역 공동체와의 관계 형성이 필요합니다. 곧 시간이 필요합니다.

우리가 최대한 빨리 가기를 원한다고 해도, 함께 가지 않으면 이러한 장기간 유지 가능한 해결책을 개발할 수 없습니다. 그래서 저는 이 균형과 긴장을 올바르게 다루는 것이 중요하다고 생각합니다. 충분히 준비하고, 관계를 형성하고, 필요한 신뢰를 구축해 나가야 합니다. 일단 신뢰가 쌓이면, 우리는 함께 빠르게 나아갈 수 있습니다. 하지만 올바르게 하려면 시간이 걸립니다. 안타깝게도, 최근 몇 년 동안 우리는 그렇게 올바르지 않은 것에 대한 대가를 치르는 현장을 보고 있습니다.

마리아 | 감사합니다, 캐서린. 제 질문은 그린워싱과 비슷한 주제일 수도 있습니다. 하지만 저는 점점 더 친환경 해결책에 대해 우려하고 있습니다. 왜냐하면 제가 보기에 깊이, 더 깊이 들어가 보면, 그것은 실제로 해결책이 아니라 문제를 다른 문제로 바꾸는 것으로 보이기 때문입니다. 예를 들어, 당신이 언급한 태양광 패널은 즉각적인 해결책이 될 수 있어 보이지만, 20년 후에 태양광 패널의 수명이 다하면 어떻게 해야 할지 알 수 없습니다. 재활용 기술이 아직 충분하지 않다는 것을 알기 때문입니다. 그래서 우리는 또 다른 문제를 만들고 있는 것은 아닐까요? 전기차나 더 오래 지속되는 배터리를 만드는 것도 마찬가지 문제가 있습니다. 이것을 만들려면 콩고와 같은 나라에서 필수 광물을 채굴해야 하고 그곳에 심각한 문제를 일으킵니다. 칠레나 페루에서도 마찬가지 일이 벌어지고 있습니다. 그래서 저는 어떤 점에서 이러한 친환경 해결책이 실제로는 문제를 다른 곳으로 옮기고 새로운 문제를 만들어 내며 결국 아무것도 해결하지 못하는 것은 아닌지 궁금합니다. 이런 문제를 어떤 기준으로 바라보아야 하는지 듣고 싶습니다.

캐서린 | 네, 방금 말씀하신 내용을 저도 꽤 자주 듣고 있습니다. 그리고 제가 이런 우려에 대해 많이 듣게 되는 이유

중 일부는 화석연료 산업이 청정에너지의 부정적 영향을 우리에게 알리는데 많은 돈을 투자하고 있기 때문입니다. 실제로 최근의 한 연구에 따르면, 유튜브에 돌아다니는 기후변화에 대한 정보 중 많은 양이 기후 문제 해결책에 대한 왜곡된 정보라는 것입니다. 그들이 만들어 내는 메시지는 다음과 같은 근본적인 가정을 홍보합니다. "완벽한 해결책이 분명히 있을 것이다. 완벽하게 준비된 해결책을 찾고, 그것을 실행했을 때 어떤 부정적인 영향도 없다는 것이 확인될 때까지는, 지금 하고 있는 일을 계속해야 한다." 이것이 그런 정보들이 퍼뜨리는 메시지입니다. 그러나 그것은 불가능한 기준입니다. 인류는 어떤 문제에 대해서도 완벽한 해결책을 만들어 낸 적이 없기 때문입니다. 한 번도 그런 적이 없었습니다. 우리가 할 수 있는 일은 이전보다 조금 더 나은 일을 하는 것뿐입니다. 안타깝게도, 완벽한 해결책이 있어야만 한다는 생각에 초점을 맞추는 메시지는 완벽한 해결책이 없다면 아무것도 하지 말아야 한다는 메시지와 함께 우리를 화석연료 중독에 머무르게 만듭니다.

 앞서 지적했듯이, 화석연료에서 나오는 대기오염만으로도 매년 9백만 명이 사망하고 있습니다. 이것은 매년 일어나는 일입니다. 팬데믹으로 사망한 사람보다 더 많은 사람이 매년 죽고 있습니다. 화석연료 사용은 수많은 사람에게 엄청난 영향을 주고 있습니다. 희토류 광물 채굴이 지역 규모에서 인간의 건강에 영향을 미칠까요? 희토류 광물 채굴과 관련한 심각한 인권 침해 사례가 특히 저소득 국가에서 발생하고 있나요? 그렇습니다. 그러나 석탄 채굴과 관련한 인권 침해 기사를 읽어 본 적 있습니까? 없습니다. 그런데 그런 사례는 엄청납니다. 석탄 채굴이나 석유 및 가스 유출이 인체 건강에 미치는 영향을 살펴보신 적 있나요? 그 영향은 엄청납니다. 그렇습니다. 우리는 요즘 청정에너지의 부정적 영향을 말하는 왜곡된 정보를 많이 접하게 됩니다. 청정에너지에도 현실적으로 매우 부정적인 영향이 존재합니다. 그러나 그런 영향의 규모와 화석연료의 부정적인 영향의 규모를 비교해 보면, 그 규모는 완전히 다릅니다. 우리의 결정은 나쁜 선택지와 완벽한 선택지 사이의 결정이 아닙니다. 완벽한 선택지는 없습니다.

지금 당장 전 세계의 모든 에너지 사용을 중단한다고 상상해 보십시오. 어떤 일이 일어날까요? 지금 화석연료 에너지 사용을 계속하는 것보다 더 큰 고통이 따를 것입니다. 특히 전기는 인간의 안녕과 가장 밀접한 관련이 있습니다. 따라서 우리는 항상 개선할 필요가 있습니다. 지금 태양광 패널이나 전기차 배터리의 재활용을 연구하는 사람들이 있습니다. 제가 알기로는 전기 자동차용 배터리의 3분의 1은 더 이상 코발트가 필요하지 않습니다. 코발트는 콩고에서만 나오는 희토류 광물입니다. 저는 테슬라가 이미 모든 배터리와 전기차를 전적으로 재활용하고 있다고 알고 있습니다. 우리는 충분히 잘하고 있나요? 아닙니다. 우리는 코발트 대신 리튬으로, 리튬 대신 나트륨으로 만든 배터리가 필요합니다. 그러나 우리가 볼 수 있는 것은 이러한 해결책을 선택하는 사람들이 점점 더 많아질수록, 더 나은 해결책이 생겨나고, 더 많은 연구가 이루어지고, 더 나은 해결책을 지원하기 위해 더 많은 자금이 투입되고, 그래서 해결책들이 점점 더 좋아진다는 것입니다. 따라서 우리가 청정에너지 해결책에 반대한다면(물론 완벽한 해결책은 없지만), 오늘날 우리가 가지고 있는 것으로 살아야 합니다. 이는 극도로 파괴적입니다. 우리는 모든 종의 30퍼센트가 멸종할 것이라고 말하고 있습니다. 제가 말했듯이, 우리는 매년 거의 1천만 명의 조기 사망자가 발생하는 것을 보고 있습니다. 우리 생애 동안 수억 명의 난민이 발생할 것이며, 이것은 상상할 수 없는 고통입니다. 이는 우리가 현상 유지에 머무를 때 벌어지는 일입니다. 그래서 저는 기후 위기 해결책을 옹호합니다.

물론 저는 언제나 기아, 빈곤, 정의의 문제를 해결하는 기후 문제 해결책과 점점 더 나아질 수 있는 해결책에 집중해야 한다고 주장하고 있습니다. 지금 가지고 있는 해결책이 충분하다고 생각해서는 안 됩니다. 항상 더 나은 것을 추구해야 합니다. 하지만 현재 우리 상황이 끔찍하다는 것도 염두에 두어야 하고, 완벽하지는 않아도 현재 상황을 개선할 해결책을 찾아야 합니다. 저는 에너지와 관련한 공짜 점심 신화가 있다고 생각합니다. 공짜 점심은 없습니다. 매우 비싼 점심과 훨씬 경제적인 점심이 있을 뿐입니다. 우리가 계속 노력한다면 미래에는 훨씬 더 적은 비용으로 점심을 먹을 수 있을 것입니다.

세스 | 감사합니다, 캐서린. 제4차 로잔대회에 참석했을 때 우리 테이블에서 이 주제가 잠깐 언급되었습니다. 그 멤버 중 학자 한 분이 있었는데, 기후 문제는 너무 거대해서 개인이 할 수 있는 일이 무엇인지 모르겠다고 말씀했습니다. 이런 고민에 대해서 어떤 말씀을 해 주실 수 있겠습니까?

캐서린 | 그 질문은 너무도 중요한 질문입니다. 제 TED 강연은 사실상 그 질문에 대한 답변이었습니다. 여러 언어로 통역되어 있으니 꼭 보시기를 권합니다. 간단히 요약하면 개인이 할 수 있는 가장 중요한 일은, 개인으로 남아 있지 않는 것입니다. 사람들은 '내가 무엇을 할 수 있을까?'라고 질문하고는, '재활용을 할 수 있지 않을까? 고기를 덜 먹어야 할

까? 비행기를 덜 타야 할까?' 등의 생각을 합니다. 이런 모든 일은 우리의 개인적인 탄소 발자국을 줄이는 데 좋은 일입니다. 그러나 현실은 우리가 반드시 시스템을 바꿔야만 한다는 것입니다. 모든 사람에게 가장 쉽고 가장 저렴한 옵션이 최고의 옵션이 되도록 시스템을 바꾸지 않으면, 장기적인 변화를 기대할 수 없습니다. 올바른 선택을 가장 비싸고 가장 어려운 선택으로 만들어서는 안 됩니다. 가장 쉬운 선택이 되어야 합니다. 기본값이 가장 쉬운 것이어야만 합니다. 그리고 잘못된 일을 하고 싶다면, 그에 대한 비용을 지불하게 해야 합니다. 더 많은 돈을 내야만 합니다. 그렇다면, 시스템 변화를 촉진하는 데 가장 좋은 방법은 무엇일까요? 그것은 바로 우리의 목소리입니다.

    과거에는 사회 변화가 어떻게 일어났는지를 살펴봐야 합니다. 영국에서 노예제도가 폐지된 것을 예로 들 수 있습니다. 노예제도 폐지론자들은 설탕과 면화 불매 운동을 벌였습니다. 왜냐하면 그것들은 노예 노동으로 생산되었기 때문입니다. 그러나 설탕과 면화 불매 운동만으로는 노예제도를 폐지할 수 없었습니다. 그들은 수년 동안, 심지어 수십 년 동안 계속해서 목소리를 내며 노예제도 폐지를 주장했습니다. 마침내 상상할 수 없는 일이 일어났고, 법안이 통과되었습니다. 물론 오늘날에도 많은 분야에서 현대판 노예제도가 존재했습니다. 여성에게 투표권이 주어진 것도 마찬가지입니다. 미국의 민권법 통과도, 남아프리카공화국에서 아파르트헤이트의 종식도 마찬가지입니다. 이러한 문제들이 하룻밤 사이에 해결된 것은 아닙니다. 그러나 전환점이 되는 순간이 있었습니다. 갑자기 무언가 근본적으로 변화되는 결정적 순간 a tipping point이 찾아왔고 마침내 잘못된 방향이 아닌 올바른 방향으로 균형이 맞추어지며 모든 것이 진행되기 시작했습니다. 이 모든 일은 사람들이 목소리를 내며 행동을 촉구했을 때 일어났습니다. 우리 모두는 목소리를 가지고 있으며, 여덟 살짜리 아이도 목소리를 낼 수 있습니다. 저는 아흔 살 할머니가 목소리를 내는 것도 보았습니다. 우리 모두는 목소리를 가지고 있으며, 서로 연결된 이 세상에서 우리는 이전보다 훨씬 더 효과적으로 목소리를 낼 수 있습니다.

부록

- 창조세계 돌봄 네트워크의 탄생과 역사

- 로잔 창조세계 돌봄 선언문

- 기독교 창조세계 돌봄 기관

- 창조세계를 돌보는 친구들

─── 이 책의 근간이 된 2024년 '창조세계 돌봄 국제포럼'을 주최한 '로잔/세계복음주의연맹 창조세계 돌봄 네트워크LWCCN: Lausanne/WEA Creation Care Network'의 시작과 걸어온 길에 대해 자세히 담았습니다.

포럼 기간에 신학자 그룹을 중심으로 참가자 100여 명이 참여해 작성하고, 한 달여 피드백을 받으며 공들여 완성한 '로잔 창조세계 돌봄 선언문The Korean Invitation'도 함께 실었습니다. 선언문은 '온 지구를 위한 복음Good News for All the Earth-the Korean Invitation'이라는 제목으로 2024년 11월 발표되었으며, 전 세계 성도들을 창조세계 돌봄의 자리로 초대하는 역할을 하고 있습니다. 이 선언문은 로잔운동 홈페이지에도 게시되어 있습니다.

창조세계 돌봄에 관심 있는 성도들을 위해 관련 기관들도 함께 소개합니다. 포럼을 빛내 주고 이 책의 목소리가 되어 준 친구들도 한눈에 볼 수 있도록 실었습니다. 그리스도 안에서 우리의 우정이 복음의 열매로 더욱 빛나기를 소망합니다.

창조세계 돌봄 네트워크의 탄생과 역사

🎙 데이브 부클리스

이제 복음주의 창조세계 돌봄 운동의 역사를 살펴보려고 합니다. 특히 지난 12년 동안의 흐름에 초점을 맞추어 보겠습니다. 로잔운동 웹사이트에 들어가서, 메뉴 중 '협업Collaborate' 항목 아래의 '이슈 네트워크Issue Networks' 부분을 선택하고 그 안에서 '창조세계 돌봄Creation Care'으로 들어가면, 다음과 같은 말을 볼 수 있습니다.

> **창조세계 돌봄**: 하나님의 창조세계를 돌보는 일은 우리의 첫 번째 임무였고, 지금은 우리의 가장 큰 도전이 되었다.

우리는 로잔 세계복음주의연맹 창조세계 돌봄 네트워크LWCCN: the Lausanne World Evangelical Alliance Creation Care Network의 일부로서 여기에 모였습니다. 따라서 이번 주에 우리는 제4차 로잔대회를 배경으로 모였지만, 세계복음주의연맹WEA과도 매우 긴밀한 동반자 관계를 맺고 있습니다. 세계복음주의연맹과 로잔은 두 개의 거대한 국제적 네트워크로서, 성경의 권위를 진지하게 받아들이고 그것을 가장 넓은 의미의 선교, 복음 전도, 가난하고 취약한 사람들을 돌보는 일, 창조세계를 돌보는 일 등에 적용하고자 하는 그리스도인들을 하나로 연결해 주고 있습니다. 이런 일은 어떻게 시작되었을까요? 이 운동에는 어떤 이야기가 있을까요? 저는 우리 중 일부에게는 친숙하지만 다른 사람들에게는 완전히 새로울 수 있는 창조세계 돌봄의 역사 이야기를 나누고자 합니다.

로잔운동과 창조세계 돌봄 네트워크

어떤 의미에서 이 이야기는 2010년 남아프리카 케이프타운에서 열린 제3차 로잔대회에서 작성된 문서인『케이프타운 서약』으로 거슬러 올라갑니다.『케이프타운 서약』에는 이 운동의 발판을 마련하는 데 도움이 된 몇 가지 중요한 내용이 포함되어 있습니다. 그중 하나를 읽어 보겠습니다.

> 예수님이 온 세상의 주시라면, 우리는 그리스도와 우리의 관계를 우리가 이 땅과의 관계에서 행하는 방식과 분리시킬 수 없다. 그리스도의 주되심은 모든 창조세계를 포함하므로 "예수는 주시다"라는 복음 선포에는 이 땅도 포함된다. 그렇기 때문에 창조세계를 돌보는 일은 그리스도의 주되심과 관련된, 복음 실천의 문제다. (7.A)

"그리스도의 주되심과 관련된 복음 실천의 문제"라는 이 문구는 이제 자주 사용되고 있습니다. 그러나 이 구절을 전체 문맥 속에서 이해하는 것이 중요합니다. 왜 그런지는 잠시 후에 설명하겠습니다. "그리스도의 주되심과 관련된 복음 실천의 문제"라는 문구는 우리가 신중하게 사용하지 않으면 혼란과 분열을 야기할 수 있습니다. 그래서 잠시 후 자세히 살펴보고자 합니다.

우선은, 『케이프타운 서약』의 선교에 관한 내용을 조금 더 살펴보겠습니다. 하나님의 선교는 세 가지 범주, 곧 개인, 사회와 문화, 창조세계를 다룹니다. 이 세 가지 모두 죄로 인해 깨어지고 고통받고 있습니다. 이 세 가지는 모두 하나님의 구속하시는 사랑과 선교에 포함됩니다. 이 세 가지는 모두 하나님 백성의 포괄적 선교의 일부가 되어야 합니다.

개인과 관련해서 우리는 특별히 전도와 제자 삼는 일에 대해 관심이 있습니다. 사회와 문화와 관련해서 우리는 취약한 사람들을 돌보는 것에 대해, 우리의 문화와 이웃에 대한 긍휼에 대해, 우리가 살고 있는 사회의 경제, 정치, 사회 시스템의 변화에 대해, 그리고 예술에 대해 관심을 가집니다. 이 모든 영역은 사회와 문화의 일부입니다.

그러나 그다음에 우리는 창조세계에도 주목합니다. 이 모임에서 우리는 선교를 바라보는 하나의 렌즈로서 창조세계 돌봄이라는 렌즈를 생각하고 있습니다. 그러나 삼각대의 다른 두 다리의 측면도 결코 잊지 말아야 합니다. 창조세계 돌봄은 다른 두 가지와 관련해 있고, 선교는 이 세 영역을 포함합니다. 통합적 선교는 이 모든 것을 포함해야만 합니다. 우리는 창조세계 돌봄을 하느라 전도, 제자 삼기, 교회 개척, 긍휼, 정의, 문화와 사회의 변혁 등을 소홀히 해서는 안 됩니다. 이 모든 것이 하나님의 선교의 일부입니다.

로잔운동 안에는 이슈 네트워크들이 있습니다. 현재 로잔에는 28개 이슈 네트워크가 있으며, 그중 하나가 '창조세계 돌봄'입니다. 로잔은 각 이슈 네트워크마다 한 명에서 세 명까지 글로벌 퍼실리테이터를 둡니다. 로잔의 창조세계 돌봄 네트워크의 첫 번째 퍼실리테이터는 에드 브라운이었습니다. 긴 흰 수염과 늘 웃는 얼굴 때문에 어떤 사람들은 그를 산타클로스라고 부릅니다. 그는 케이프타운 서약 이후 로잔운동에 창조세계 돌봄 네트워크가 필요하다고 처음 제안한 사람입니다. 그리고 첫 번째 퍼실리테이터가 되었고, 저와 다른 사람들은 그와 함께 일했습니다. 결국 저도 그와 함께 퍼실리테이터가 되었습니다. 에드는 이제 임기를 마쳤습니다. 퍼실리테이터는 5년 임기로 최대 두 번을 사역할 수 있습니다. 그는 퍼실리테이터 역할을 그만두고 미국에 머무르고 있습니다. 그는 여전히 이 운동의 중요한 일원이며, 여러 면에서 이 운동의 창시자입니다.

이 네트워크에 어떻게 연결될 수 있을까요? 가장 좋은 방법은 폴리네이터Pollinator 이메일 뉴스레터를 구독하는 것입니다. 폴리네이터는 구독자에게 매달 발송되며 현재 약 100개국에서 1,700여 명이 받아 보고 있습니다. 만약 여러분이 현재 이 뉴스레터를 받아 보고 있지 않다면, 구글에서 'LWCCN Pollinator'를 검색하여 지금 구독하십시오. 폴리네이터에는 전 세계 여러 사람이 작성한 성찰의 글이 실립니다. 때로는 현재의 이슈들을 다룹니다. 예를 들어, 곧 있을 유엔기후변화협약 당사국 회의에 대한 내용이나 플로리다에 막대한 피해를 입힌 허리케인에 대한 내용이 실릴 수 있습니다. 또한 성경 말씀 묵상도 있는데, 그 내용은 주로 성경을 다루지만 때로는 현재 진행 중인 일들과도 관련이 있습니다. 그밖에 뉴스와 자료도 포함되어 있습니다. 여러분 모두에게 이 폴리네이터에 기고할 수 있는 기회가 열려 있습니다. 우리는 폴리네이터에 더 많은 것을 담을 수 있기를 바랍니다. 여러분이 하고 있는 일에 대한 글을 보내 주시면, 그것을 폴리네이터에 실을 수도 있습니다. 웹사이트 링크, 새로운 온라인 자료, 새로 나온 책에 대한 리뷰 등도 폴리네이터에 실을 수 있습니다. 이런 방식으로 좋은 사례와 좋은 자료를 공유하고자 합니다.

창조세계 돌봄의 초기 역사

이제, 우리는 많은 사람이 현대 선교의 아버지라고 부르는 윌리엄 캐리William Carey를 살펴보고자 합니다. 왜 우리는 윌리엄 캐리에게로 돌아가야 하는 것일까요? 창조세계 돌봄은 14년 전에 시작된 것이 아닙니다. 케이프타운에서 시작된 것도 아니니다. 물론 복음주의 운동이 2,000년 전으로 거슬러 올라간다고 주장할 수도 있겠지만, 현대의 운동으로서는 200년에서 300년 전으로 거슬러 올라갑니다. 이와 유사하게 현대 선교 운동은 대부분 윌리엄 캐리와 함께 시작된 것으로 봅니다. 제가 지금부터 보여 주고자 하는 것은, 우리가 흔히 성경 번역, 복음 전도, 미전도 지역에 교회를 세우는 일에만 헌신했다고 생각했던 초기 선교사들이 사실 창조세계 돌봄에도 열정을 가지고 있었다는 점입니다. 이 일은 새로운 일이 아닙니다. 우리는 우리 역사에 이미 존재했고 성경에 깊이 뿌리내린 일을 회복하고 있는 것입니다.

윌리엄 캐리는 인도 북동부의 벵골로 여행을 떠났습니다. 저는 같은 지역의 콜카타에서 태어났는데, 윌리엄 캐리는 콜카타에서도 생애의 많은 기간을 보내며 사역했습니다. 그는 힌두교의 높은 신분인 브라만들에게 복음을 전하며 그들 중 일부를 그리스도에게로 인도했습니다. 그는 벵골어를 배웠고 성경을 벵골어로 번역했습니다. 성경 학교도 세웠는데 그 학교가 현재의 세람푸르 대학교 Serampore University 입니다.

윌리엄 캐리는 놀라운 사람입니다. 그는 열정적인 식물학자이기도 했습니다. 오늘날 인도 과학계에서 윌리엄 캐리는 인도 식물학의 아버지로 기억되고 있습니다. 그는 인도의 식물을 다룬 최초의 백과사전인 『인도 식물도감 Flora Indica』을 편집했습니다. 그는 영국에서 왕립원예학회the Royal Horticultural Society가 설립되기도 전에 인도 농업원예학회the Agri-Horticultural Society of India를 설립했으며, 그 학회는 현재 200년의 역사를 가진 학회가 되었습니다. 그리고 그의 이름을 따라 명명된 식물이 있습니다. 그중 하나가 케리아 헤르바케아 Keria herbacea입니다. 윌리엄 캐리는 창조세계 돌봄을 복음 전도, 성경 번역, 신학 교육과 함께 사명의 일부로 간주했습니다. 이 모든 것은 그리스도의 주되심에서 비롯한 것이었습니다. 그의 전기 작가들은 이 점을 분명히 밝히고 있습니다. 그는 예수님이 창조세계의 주님이심을 인식했기 때문에 이 일을 복음의 사업으로 보았습니다. 우리가 이를 깨닫는 것이 정말 중요합니다.

캐리가 창조세계 돌봄에 힘을 쏟았던 유일한 사람은 아니었습니다. 존 웨슬리John Wesley는 아마도 영국이 배출한 가장 위대한 복음 전도자일 것입니다. 감리교 부흥 운동의 주역이었고 그 운동의 일부였다고도 할 수 있습니다. 그런데 웨슬리는 자신의 복음과 선교에 대한 이해에 창조세계 돌봄을 포함시켰습니다. 그는 복음을 전파하기 위해 말을 타고 여행했습니다. 도시들을 오갈 때 타던 말을 자신과 마찬가지로 복음의 일꾼으로 여겼습니다. 말을 타고 하루 종일 달린 후 숙소에 도착하면, 음식과 물을 받기 전에 먼저 말에게 음식과 물을 주라고 요청했습니다. 그는 말에 대해 이렇게 말했습니다. "이 동물은 오늘 예수님의 좋은 소식을 전하기 위해 나보다 더 열심히 일했소."

웨슬리는 종말론 이해에서 성경의 약속을 진지하게 받아들였습니다. 그래서 최후 심판 후에는 창조세계 전체에 샬롬의 시대, 평화와 관계 회복의 시대가 올 것이라고 믿었습니다. 어린 양과 사자가 함께 누워 있고, 어린아이와 독사가 함께 안전하게 놀게 될 것이라고 생각했습니다. 그 이유 때문에 웨슬리는 채식주의자가 되었습니다. 그는 채식을 그리스도인의 의무 중 하나로 여겼습니다. 그는 이렇게 말했습니다. "새 창조의 세계에서 우리가 동물들을 죽이지 않게 될 것이라면, 나는 지금부터 그날을 기대하며 살아야만 합니다." 저는 지금 그의 말을 도전적으로 받아들이고 있습니다. 저는 완전한 채식주의자는 아니지만 채식을 하려고 노력하는 유연 채식주의자flexitarian입니다. 그러나 웨슬리는 로마서 8장 설교에서 이렇게 말했습니다. "어떤 피조물도, 어떤 짐승도, 어떤 새도, 어떤 물고기도 다른 피조물을 해치려는 성향을 갖지 않을 것입니다. 잔인함은 사라지고, 야만성과 사나움은 잊힐 것이기 때문입니다." 로마서 8장이 말하듯 피조물이 부패의 속박에서 해방될 것이므로, 웨슬리는 동물 복지와 육식에 대한 우리의 태도를 진지하게 재고해야 한다고 생각했습니다. 저는 이 점이 도전적이라고 생각합니다.

윌리엄 윌버포스William Wilberforce는 영국과 아프리카와 아메리카 대륙 사이에 만연했던 노예무역을 종식하는 데 기여한 인물로 세계적으로 잘 알려져 있습니다. 물론 노예 출신으로 노예무역을 폐지하는 데 관여한 사람들도 있지만, 윌버포스는 이 운동의 상징적인 인물로 여겨집니다. 윌버포스와 그가 속했던 복음주의 동료들의 그룹인 클라팜 섹트 the Clapham sect 는 선교에 대해 놀라울 정도로 통합적인 이해를 가지고 있었습니다. 그들은 복음 전도에 열정을 쏟았고, 해외 선교 단체를 설립했으며, 노예 제도 폐지를 위해 애썼을 뿐 아니라, 동물 보호에도 열심을 냈습니다. 그들은 세계 최초의 동물 보호 협회를 설립했는데, 이 단체는 나중에 왕립 동물학대방지협회 Royal Society for the Prevention of Cruelty to Animals 가 되었습니다. 이 모든 일은 그리스도의 주되심에서 비롯했습니다. 초기 복음주의자들은 복음과 선교에 대해 놀라울 정도로 균형 있는 온전한 성경적 이해를 가지고 있었습니다.

여러분은 아마도 무엇이 잘못되었는지 궁금할 것입니다. 언제부터 그런 전통이 멈추어 버린 것일까요? 언제부터 복음주의자들이 이러한 폭넓은 이해 대신에 영혼 구원만 이야기하게 된 것일까요? 그런 변화는 19세기에 일어났고 20세기 초까지 계속되었습니다. 그 주제를 다룬 좋은 책이 있는데, 바로 『대역전 The Great Reversal』입니다.

그때 일어난 일들을 간단히 요약하면 이렇습니다. 찰스 다윈과 진화론이 많은 사람에게 영향을 끼쳤고, 어떤 사람들은 진화론을 성경의 권위를 위협하는 사상으로 받아들였습니다. 그런 인식의 결과로 많은 복음주의자가 과학을 의심하게 되었습니다. 또한 유럽을 중심으로 일어났고 북미와 다른 지역에도 영향을 끼친 자유주의 신학 운동은, 사람들을 구원하는 대신에 교육해야 한다는 주장을 펼쳤습니다. 그 운동은 복음 전도를 배제하는 순수한 사회 복음 운동으로 나아갔고, 일부 복음주의자들은 즉각적으로 반발하며, "우리는 복음 전도만 할 것이다. 전도 외의 모든 것은 사회 복음이고, 우리는 그것을 거부할 것이다. 우리는 오직 영혼 구원에만 힘을 쏟겠다"라고 말했습니다. 그리고 자유주의 신학에 대한 두려움은 반지성주의로 이어졌습니다. 반지성주의는 근본주의의 한 경향으로서 성경 전체의 메시지보다는 모호한 몇몇 구절에 주로 근거를 둔 신학을 주장합니다.

여러분은 『스코필드 주석 성경The Schofield Reference Bible』에 대해 들어 보셨습니까? 스코필드 주석 성경은 역사상 성경 다음으로 가장 많이 발행된 책일 것입니다. 20세기 초에 처음 출판된 이후로 오늘날까지도 그 피해를 계속 끼치고 있으며, 수없이 많은 나쁜 신학적 사고를 전파하는 매개체가 되고 있습니다. 스코필드 주석 성경은 400년 전에 번역된 영어 성경 킹 제임스 버전 본문을 한쪽 면에 실었는데, 사람들은 성경을 이해하기 매우 어려워했습니다. 그 옆면에는 본문의 의미를 설명해 놓았습니다. 그리고 이렇게 말했습니다. "여러분, 여기 성경이 있고 그 옆에 성경의 진정한 의미가 있습니다." 그러나 그 해설은 신뢰할 만한 학문적 연구로 뒷받침된 것이 아니었습니다. 오늘날 복음주의 세계에서 문제가 있다고 평가하는 것들의 출처가 대부분 그 책으로 거슬러 올라갑니다. 그 문제들을 전부 열거할 수도 있지만, 그것은 우리의 주제에서 많이 벗어납니다.

통합적 선교 회복과 창조세계 돌봄 관련 자료

그렇다면, 통합적 선교의 회복은 언제 시작되었을까요? 그것은 2010년 케이프타운에서 시작되지 않았습니다. 그보다 훨씬 전입니다. 르네 파디야와 사무엘 에스코바는 이 과정에서 중요한 역할을 했습니다. 첫 번째와 두 번째 로잔대회에서 그들을 포함한 일부 라틴아메리카 복음주의자들은 우리가 말씀과 행동을 분리할 수 없다고 강력히 주장했습니다. 우리는 성경에서 복음 전도 메시지와 정의를 요구하는 메시지를 분리할 수 없습니다. 우리는 이 두 가지를 함께 붙잡아야 합니다. 인도의 비나이 사무엘Vinay Samuel도 중요한 인물입니다. 존 스토트John Stott는 빌리 그레이엄Billy Graham과 함께 로잔운동의 가장 유명한 두 사람 중 한 명인데, 로잔운동을 향해 반복해서 이렇게 말했습니다.

> "이 운동은 좁은 정의의 복음 전도에 관한 운동이 되어서는 안 됩니다. 이 운동은 온전한 복음을 온 교회가 온 세상에 전하는 운동이 되어야 합니다."

이런 인물들은 초기 복음주의자들 사이에 존재했던 통합적 선교 이해를 다시 발견하는 데 핵심적 기여를 했습니다. 창조세계 돌봄 주제로 돌아와서 관련된 자료들을 소개하겠습니다. 특히 세 권의 책이 우리가 돌아보고 있는 이야기에서 중요한 부분을 차지하고 있습니다. 처음 두 책은 이제는 꽤 오래된 책이지만 지금도 중요한 의미가 있습니다.

여러분 중에도 많은 사람이 프랜시스 쉐퍼Francis Schaeffer라는 이름을 아실 것입니다. 그는 중요한 그리스도인 학자이며, 원래 미국인이었지만 일생 중 많은 부분을 스위스에서 보냈습니다. 그는 1960년대 기독교적 관점에서 본 생태학에 관한 책인 『환경오염과 인간의 죽음』을 썼습니다. 이 책은 레이첼 카슨Rachel Carson의 『침묵의 봄』에 대한 기독교적 응답으로 쓰였으며, 짧지만 매우 귀중한 자료입니다.

존 스토트는 그가 쓴 가장 중요한 책 중 하나라고 할 수 있는 『현대 사회 문제와 그리스도인의 책임』에 환경에 관한 장을 포함시켰는데, 여러 번 개정을 거치면서 최근 판에서는 지구 온난화, 기후 변화에 관한 내용을 추가했습니다. 존 스토트 자신의 이해가 점점 깊어졌기 때문입니다. 존 스토트의 마지막 저서인 『제자도』도 있습니다. 이 책에는 오늘날 복음주의자들이 심각하게 간과하고 있다고 생각하는 일곱 가지 주제를 다룬 일곱 장이 포함되어 있는데, 그중 하나가 창조세계 돌봄에 관한 장입니다. 존 스토트가 교회를 위해 남긴 마지막 선물에서 그는 창조세계 돌봄을 회복하라고 당부합니다. 그것이 우리가 여기에 모인 이유 중 하나입니다. 저는 이분들에게 존경을 표하고 싶습니다. 왜냐하면 그들은 우리 이야기의 일부이기 때문입니다.

이제 최근에 나온 책 세 권을 소개하려고 합니다. 여러분의 서재에 창조세계 돌봄에 관한 책을 여섯 권 정도 마련한다면, 이 세 권을 포함시키기를 추천합니다. 첫 번째 책은 더글러스 무Douglas Moo와 조너선 무Jonathan Moo 부자가 쓴 『창조 세계 돌봄』입니다. 학교에서 학생들을 가르치거나 목회자 훈련을 할 때 적합한 책이며 학문적 기반을 갖춘 좋은 책입니다. 지나치게 학문적이지 않으면서도 단단한 책입니다. 두 번째는 세계적으로 유명한 신약성서 학자인 리처드 보컴Richard Bauckham이 쓴 『성경과 생태학The Bible and Ecology: Rediscovering the Community of Creation』인데, 탁월한 책입니다. 특히 마지막 때에 관해 질문이 있거나 그때 세상이 어떻게 될지, 또 성경은 그에 대해 뭐라고 말하는지가 궁금하다면 이 책을 추천합니다. 마지막으로, 톰 라이트Tom Wright의 『마침내 드러난 하나님 나라』도 훌륭한 책입니다. 지금 언급한 책들 외에도 추천할 만한 책이 많습니다. 아쉽게도 이 책들은 모두 백인 남성이 쓴 책입니다. 백인 남성이 아닌 다른 사람이 쓴 좋은 책이 더 필요합니다.

지금까지 창조세계 돌봄 운동과 관련한 역사를 간단히 살펴보았습니다. 창조세계 돌봄, 하나님의 피조물을 돌보는 일은 우리에게 주어진 첫 번째 과제이며, 성경에 나오는 첫 번째 명령이고, 오늘날 우리에게 가장 큰 도전이 되어 있습니다.

자메이카 행동 촉구(2012)

이제 상호 교류와 관련한 이야기를 해 보겠습니다. 케이프타운 회의 이후에 에드 브라운을 비롯한 여러 사람이 로잔운동 안에 창조세계 돌봄 운동이 필요하다고 제안했습니다. 이로 인해 2012년 자메이카에서 국제적인 협의회가 개최되었습니다. 당시에는 미처 깨닫지 못했지만, 그것은 놀라운 모임이었습니다. 그곳에 모인 사람 중에는 이후에 세계복음주의연맹의 사무총장이 된 두 사람이 있었습니다. 필리핀의 에프라임 텐데로Efraim Tendero와 독일의 토마스 쉬어마커Thomas Schiermarker입니다. 최근에 개최된 제4차 로잔대회의 운영 책임을 맡았던 데이브 베넷Dave Bennett도 그 자리에 있었습니다. 로잔의 선임 디렉터 중 한 사람인 자메이카 출신의 라스 노이만Lars Neumann도 있었습니다. 그는 자메이카에서 회의를 주최하며 우리를 맞이해 주었습니다.

그 협의회에서 나온 결과물이 '자메이카 행동 촉구the Jamaica Call to Action, 2012'입니다. 이제 이 글을 함께 살펴보겠습니다. 이번 주에 우리가 함께 만들어 갈 새로운 선언문에 도움이 될 것이기 때문입니다. '자메이카 행동 촉구'로부터 12년이 지난 지금,

우리는 우리를 움직이는 새로운 선언문이 나타나길 바라고 있습니다. 과거의 선언문이 중요하지 않은 것은 아닙니다. 우리는 그것을 존중하고 그 일부를 되살려야 할 것입니다. 그러나 오늘날의 새로운 현실을 위한 새로운 선언문이 필요합니다. 그래서 우리는 이 글을 읽으면서 분석하고, 되살릴 부분이나 생략할 부분을 생각해 보고자 합니다.

두 가지 주요한 확신

우리는 함께 토론하고 공부하고 기도한 결과, 두 가지 주요한 결론에 도달했습니다. 첫 번째 확신입니다.

창조세계 돌봄은 그리스도의 주 되심 안에 있는 복음 실천의 문제이다. 성경 연구에서 얻은 정보와 영감을 통해 우리는⋯창조세계 돌봄이 복음에 대한 우리의 응답에 반드시 포함되어야 하는 일임을 다시 한번 확언한다. 이는 하나님이 행하셨고 완성하실 세상 구원의 좋은 소식을 선포하고 실천하는 일이다. 그러므로 우리의 화해 사역은 큰 기쁨과 소망의 일이며, 창조세계 돌봄은 위기 상황이 아니더라도 기꺼이 행해야 할 일이다.

두 번째 확신은 다음과 같습니다.

우리는 절박하고 긴급한 위기에 직면해 있으며, 이것은 우리 세대에 반드시 해결해야 하는 문제이다. 세계에서 가장 가난한 사람들, 생태계, 동식물 종의 상당수가 여러 가지 환경에 대한 폭력 때문에 황폐해지고 있다. 세계적 기후 변화, 삼림 파괴, 생물 다양성 손실, 물 부족, 오염 등은 작은 부분에 불과하다. 우리는 더 이상 안일함 속에서 끝없는 논쟁을 벌일 여유가 없다. 하나님과 이웃, 그리고 더 넓은 창조세계에 대한 우리의 사랑과 정의를 향한 열정은 우리로 하여금 긴급한 생태적 책임을 예언자적으로 감당하도록 강권하고 있다.

확신들에 따른 행동 촉구는 이렇습니다.

그러므로 우리는 이 두 가지 확신에 근거하여, 모든 교회가 성령을 의지하여 하나님의 창조세계 돌봄의 과업에 급진적이고도 신실하게 응답할 것을 요청한다. 이것은 그리스도의 변혁하시는 능력에 대한 우리의 믿음과 소망을 보여 주는 일이다. 우리는 로잔운동, 복음주의 지도자들, 각국의 복음주의 단체들, 모든 지역 교회를 향해 개인적·공동체적·국가적·국제적 수준에서 긴급히 응답할 것을 촉구한다.

이것이 그 선언문의 주요한 부분이며, 이어서 열 가지 요점을 제시합니다. 그 요점들을 제목을 중심으로 살펴보겠습니다.

1. **검소한 삶에 대한 새로운 헌신.** 열 가지 요점 중 첫 번째인데, 이는 로잔운동의 역사에 있었지만 종종 간과되어 왔습니다.

2. **새롭고 견고한 신학 작업.** 우리의 행동에는 성경 말씀을 읽고, 신학교와 교회에서 가르치는 일이 포함됩니다.

3. **남반구 교회의 리더십 수용.** 창조세계 돌봄은 부유한 사람들만 관심을 가져야 할 사치스러운 문제가 아닙니다. 남반구는 오늘날 대부분의 그리스도인이 살고 있는 곳입니다. 우리는 실제로 리더십의 공유가 필요합니다. 나는 위 표현이 약간 어색하다고 생각하지만, 우리는 이 운동을 이끌어 갈 전 지구적 배경의 다양한 리더십이 필요합니다.

4. **온 교회의 동원 및 사회 모든 영역에 대한 참여.** 우리는 교회에 대해 이야기하고 있지만, 이 일은 우리가 교회로서 우리의 비그리스도인 이웃들, 타종교인 이웃이나 불가지론자나 무신론자와 함께해야만 하는 일입니다. 왜냐하면 이 문제는 우리가 공동의 기반을 찾을 수 있고 실제로도 함께 일할 수 있는 문제이기 때문입니다.

5. **미전도 종족 그룹 안에서 행하는 환경 선교.** 오늘날 여러 선교 단체는 창조세계를 돌보는 것이 미전도 종족에 다가갈 수 있는 방법 중 하나라는 점을 인식하고 있습니다. 이는 창조세계 돌봄이 단지 다른 목적을 위한 수단이라는 의미가 아닙니다. 이 일은 그 자체로 우리가 마땅히 해야 할 일이면서 동시에 다른 식으로는 접근할 수 없는 곳에 실제로 다가갈 수 있게 하는 방법이라는 의미입니다.

6. **기후 변화에 맞서기 위한 급진적 행동.** 제4차 로잔대회의 첫 번째 저녁 집회에서 캐서린 헤이호가 기후 변화에 대해 발표할 때 나는 약간 긴장했습니다. 기후 변화라는 두 단어는 어떤 지역에서는 정치적으로 다이너마이트처럼 위험한 말이기 때문입니다. 로잔대회의 주 집회에서 그 주제를 언급하는 것은 엄청난 의미가 있었습니다. 이 주제가 주요 주제로 인정받은 것은, 그것이 정치적 문제가 아니라 과학적 현실이며, 오늘날 세계 대부분의 시민이 일상적으로 직면하는 현실이기 때문입니다. 그리고 미래 세대에게는 더욱 그러할 것입니다. 우리는 급진적으로 행동해야만 합니다.

7. **지속 가능한 식량 생산 원칙.** 지속 가능한 농업, 지속 가능한 식량 생산은 중요한 문제입니다.

8. **하나님의 창조세계와 조화를 이루는 경제.** 자메이카 협의회 이후 지금까지 이 분야에서는 많은 일이 이루어졌습니다. 티어펀드Tearfund와 다른 단체들은 지속 가능한 경제 시스템이 어떤 모습이 될지를 모색하며 훌륭한 일을 해 왔습니다. 아마도 우리는 그 성과를 반영할 필요가 있을 것입니다.

9. **창조세계 돌봄의 지역적 실천.** 지역적 수준에서 창조세계 돌봄을 실천하면서 예수님의 좋은 소식을 증거하는 실천 프로젝트들을 실행하는 것입니다.

10. **예언자적 옹호와 치유와 화해.** 여기에는 지구 온난화 대책을 논의하는 유엔기후변화협약 당사국 회의에 참석하는 것부터, 위협을 받고 있는 인근의 삼림이나 습지를 보호하기 위해 이웃과 함께 노력하는 일까지 모든 것이 포함됩니다.

이러한 열 가지 요점을 제시한 다음에는 기도 요청이 이어집니다.

우리의 모든 행동 촉구는 더욱 긴급한 일인 기도 요청에 근거를 두고 있다. 우리는 의도적으로, 열정적인 태도로, 이것이 영적 싸움임을 냉철하게 인식하며 기도해야만 한다. 우리 중 많은 사람은 창조세계를 돌보지 못한 것과 개인적·집단적 차원에서 변화를 이끌어 내지 못한 것에 대해 애통함과 회개로 기도를 시작해야 한다. 그 후에 우리는 성령을 통해 그리스도 예수 안에 있는 하나님의 은혜와 자비를 맛보고, 우리의 구속이 충만하게 완성되기를 소망하며, 삼위일체 하나님이 당신의 탁월하신 이름의 영광을 위해 우리의 땅과 그 안에 사는 모든 것을, 치유하실 수 있으시며 또 치유하실 것이라고 확신하며 기도한다.

지역 컨퍼런스

자메이카 협의회는 12년 전의 일입니다. 그 이후로 무슨 일이 있었을까요? 창조세계 돌봄 네트워크가 지난 12년 동안 행한 사역 중 가장 중요한 일은 12회의 지역 컨퍼런스를 개최한 것입니다. 로잔운동은 12개 지역으로 구성되어 있으며, 우리는 창조세계, 돌봄, 복음에 대해 살펴보기 위해 모든 지역에서 컨퍼런스를 개최하기로 결정했습니다. 각 회의는 지역 상황에 맞게 진행되었기 때문에 모습이나 분위기가 상당히 달랐습니다. 그러나 항상 세 가지를 살펴보는 공통적인 틀을 유지하며 진행했습니다. 그 세 가지는 첫째로 하나님의 말씀, 곧 성경이 창조세계 돌봄에 관해 말하는 바, 둘째로 하나님의 세상, 곧 그 지역에서 일어나는 일들에 대한 최신 과학 데이터, 셋째로 하나님의 사역, 곧 하나님 백성, 지역 교회들과 선교 단체들이 이미 진행하고 있는 프로젝트들입니다. 지난 12회의 컨퍼런스를 진행하는 데 하나님의 말씀, 하나님의 세계, 하나님의 사역이라는 이 틀은 큰 도움이 되었습니다.

그렇다면 다음에는 무슨 일이 벌어질까요? 앞으로 창조세계 돌봄 네트워크가 추진해야 할 우선순위의 일들은 무엇입니까? 지난 12년 동안 우리는 지역들에 초점을 맞추어 왔는데, 이 초점을 계속 유지해야 할까요? 아니면 조금 더 영역을 좁혀 개별 국가 안에서 일어날 수 있는 일을 살펴보는 수준으로 나아가야 할까요? 각국에서 창조세계 돌봄을 위한 중심 인물을 찾고 나라마다 위원회를 세우는 일을 해야 할까요? 아니면 지역이나 국가를 넘어서 세계적 수준의 교차 주제를 다루는 식으로 일해야 할까요? 우리 중에는 다양한 분야에 종사하는 사람들이 있습니다. 조림, 생물다양성, 신학, 지속 가능한 경제, 지속 가능한 도시화 등에 관여하는 사람들입니다. 따라서 우리가 살펴볼 수 있는 교차 주제가 많이 있습니다.

직접 만나는 것과 관련해서는 어떤 결정을 내려야 할까요? 이 분야의 일을 하면서 우리는 종종 고립되어 있기 때문에 서로 만나는 것이 중요합니다. 어제 어느 분과 대화를 나누면서도 그분이 자주 외로움을 느낀다고 말씀하는 것을 들었습니다. 나는 지속 가능성과 관련한 일만 하는 직장에 다니지만, 그곳에서 유일한 그리스도인입니다. 내가 교회에서 이 주제에 대해 말하면 아무도 이해하지 못합니다. 이처럼 이 분야에 있는 사람들은 종종 고립감을 느낍니다. 그렇다면 우리는 직접 물리적으로 만나야 할까요? 아니면 탄소 비용을 고려하여 웹 세미나 등을 통해 온라인으로 일하기를 추구해야 할까요? 아니면 그 중간의 적당한 방법을 찾아야 할까요?

마지막으로, '창조세계 돌봄Creation Care'이라는 글의 일부를 소개하겠습니다. 제4차 로잔대회를 위해 작성된 『대위임령 현황 보고서The State of the Great Commission』에 실린 글이며 2024년 초에 작성된 것입니다. 나와 재스민 쾽Jasmine Kwong, 세스 아피아-쿠비 Seth Appiah-Kubi, 호커베드 솔라노Jocabed Solano가 함께 글을 썼습니다. 이 글의 마지막 문단은 다음과 같습니다.

창조세계 돌봄은 지상 명령의 필수 내용이다. 우리는 예수님이 모든 창조세계의 주님이시라는 진리를 살아 내는 제자를 양육하도록 부름받았다. 이 일을 하지 못하면, 우리는 오늘날의 가장 중요한 질문을 다루는 데 실패함으로써 무능한 전도를 할 위험에 빠지게 된다. 이 일을 하지 못하면, 우리는 지구를 파괴하는 시스템에 세례를 주게 될 위험에 빠지게 된다. 이 일을 하지 못하면, 우리는 예수님이 만유의 주님이심을 증거하는 일에 실패하게 된다.

로잔 창조세계 돌봄 선언문 The Korean Invitation

🎙 **2024년 11월 창조세계 돌봄 국제포럼**

온 지구를 위한 복음 GOOD NEWS FOR ALL THE EARTH

제4차 로잔대회 직후 한국 곤지암에서 열린 창조세계 돌봄 국제포럼 Global Creation Care Forum, 이하 GCCF[1]에 모인 우리는 하나님의 복음이 온 지구를 위한 것임을 확인하고 전 세계 교회가 회개와 기도와 행동으로 응답하도록 초청합니다. 이 문서는 로잔 언약 The Lausanne Covenant,[2] 마닐라 선언문 The Manila Manifesto,[3] 케이프타운 서약 The Cape Town Commitment,[4] 복음과 도시의 미래 The Gospel and the Future of Cities,[5] 자

---

1 이 초청장은 2024년 9월 28일부터 10월 2일까지 대한민국 경기도 곤지암에서 열렸던 GCCF에서 데이브 부클리스(영국), 레이 크리잘도(필리핀), 사라 카위사(우간다), 줄리아나 모릴로(콜롬비아), 로라 요더(미국)로 구성된 소그룹이 GCCF 기간과 그 이후, 약 150명의 대면 및 온라인 참석자들로부터 많은 편집 의견을 받아 초안을 작성했으며, 영한 번역은 인터서브코리아의 조샘 선교사가 맡았다. 참석자들은 사람이 거주하는 모든 대륙의 40개 이상의 국가에서 온 대표자들로, 이들 중 대부분은 한국 인천에서 직전에 열렸던 제4차 로잔 총회에 참석했다.

2 https://lausanne.org/wp-content/uploads/2021/10/Lausanne-Covenant-%E2%80%93-Pages.pdf

3 https://lausanne.org/statement/the-manila-manifesto

4 https://lausanne.org/statement/ctcommitment

5 https://wea-sc.org/wp-content/uploads/2024/04/The-Gospel-Future-of-Cities-Web-Version.pdf

메이카 행동 촉구The Jamaica Call to Action,[6] 창조세계 돌봄과 복음Creation Care and the Gospel의 주제로 모였던 LWCCN[7]의 12번의 지역별 컨설테이션 결과물을 포함한 이전의 문건들 위에 만들어졌습니다.[8] 이 문서는 성경에 기초하려는 노력 가운데 만들어졌고, 우리를 창조 안에서 기쁨을 누리고 현재의 생태적 위기들을 예언자적으로 직면하도록 초청합니다.

　성부, 성자, 성령이신 하나님께서는 사랑 가운데 아름다움, 다양성, 상호의존성의 세계를 창조하셨고 그 모든 것이 "심히 좋다"고 선언하셨습니다.[9] 피조물의 선함과 하나님의 섭리는 복음의 기초가 됩니다. 인간으로서 우리는 하나님의 형상[10]으로 창조되었고 지구의 흙으로 지음 받았습니다.[11] 따라서 우리는 피조물의 일부이며 의존적이며 유한적 존재로 창조되었고 동시에 하나님의 창조세계 섬김과 보존을 위해서 부름 받았습니

6　https://lausanne.org/statement/creation-care-call-to-action
7　http://news.lwccn.com
8　LWCCN 는 로잔/WEA 창조세계 돌봄 네트워크(Lausanne/World Evangelical Alliance Creation Care Network)이다. 2014년부터 2022년까지 개최된 12번의 LWCCN 컨퍼런스는 북미, 라틴 아메리카 및 카리브해, 서유럽, 동유럽, 서불어권 아프리카, 동아프리카, 남아프리카, 중동 및 북아프리카, 남아시아, 동남아시아, 동아시아 및 오세아니아/호주에서 열렸다.
9　창 1:31
10　창 1:26-28
11　창 2:7

다.[12] 그러나, 우리는 시작부터 지구와 지구에 있는 생물들과 공정한 관계를 맺고 사랑과 신실함의 돌봄에 실패했음을 인정할 수밖에 없습니다. 인간의 죄는 하나님, 우리 자신, 상호 간의 관계 뿐 아니라 다른 피조물들과의 관계도 깨뜨렸습니다.[13]

하지만 자비로우신 우리 하나님께서는 세계를 버리지 않으셨습니다. 타락 후, 하나님께서는 은혜롭게도 사람들 뿐 아니라 더 큰 범위인 모든 피조물과 언약 맺기를 주도하셨습니다. 성경에 나온 첫번째 분명한 언약은 노아 언약이었고, 지구상의 모든 생명체들을 반복적으로 포함하고 있습니다.[14] 나중에 맺어진 아브라함과 이스라엘 백성과의 언약은 이 기초 위에 세워짐으로, 이 땅과 그 안에 사는 인간과 다른 피조물에 대한 하나님의 지속적인 돌봄을 보여줍니다.[15]

하나님께서는 율법을 통해 약자들과 지구를 돌보는 규정을 주셨습니다. 안식일,[16] 희년,[17] 농사 절기와 이어진 축제[18]가 갖는 리듬과 멈춤은 인간과 하나님의 관계를 땅과 그 안에 사는 생

---

12 창 2:15
13 창 3:7-24, 롬 1:18
14 창 9:10-17
15 출 20:10; 23:4-12, 신 11:15; 22:6-7
16 출 20:8-11, 신 5:12-15
17 레 25장
18 출 23:16; 34:22-26, 신 16:9-17

명들과 연결시켰습니다.[19] 포로 생활에서도 하나님의 백성은 정원을 가꾸고 그들이 이주한 도시의 번영을 위해 일하라는 명령을 받았습니다.[20] 예언자들은 정의를 열정적으로 부르짖으며,[21] 하나님께서 오셔서 심판과 구원과 샬롬의 시대, 즉 하나님과 이웃과 피조물과의 관계가 회복되는 때를 기다렸습니다.[22]

하나님께서는 세상을 사랑하셔서 독생자 예수 그리스도를 세상에 보내어[23] 완전한 삶을 살고 죽고 부활하여 영광의 승천에 이르게 하셨습니다. 예수님 안에서 하나님은 육신이 되셨고,[24] 창조주께서는 피조 세계 속으로 들어오셔서 물질 세계를 긍정하셨습니다. 예수님께서는 가난한 이들에게 기쁜 소식을 전하고, 포로 된 이들에게 자유를 주며, 눈먼 이들은 보게 하며, 죄를 용서하심으로 하나님 나라의 복음[25]을 선포하셨습니다.[26] 예수 그리스도의 십자가 죽음 안에서, 하나님께서는 죄와 사망의 권세를 물리치고 땅과 하늘에 있는 모든 것의 화해를 이루셨으며,[27]

---

19 사 56장; 65장, 호 2장
20 렘 29:5-7
21 사 1:17; 56:1, 61:8, 미 6:6-8, 암 5:11-24
22 사 61:1-11, 미 4:1-5, 호 2:16-23
23 요 3:16-17
24 요 1:14
25 마 6:33, 막 1:14-15, 눅 17:20-21, 요 18:36
26 눅 4:18-21
27 골 1:19-20

깨어진 모든 것에 소망을 주시고, 예수님을 영접하는 모든 사람에게 영생을 주셨습니다.[28] 그리스도의 십자가 구원 사역의 기쁜 소식은 모든 사람과 문화와 사회 뿐 아니라 창조 질서의 모든 곳까지 영향을 미칩니다.

창조 이래로 내재하시고 피조물 안에서 활동하시며 이 땅의 아픔을 같이 신음하시고 또 새롭게 하시는 하나님의 성령님은,[29] 제자들에게 임하심으로 교회를 만드셨습니다. 성령님은 또한 교회가 세상 속에서 그리스도의 몸이 되도록 권능을 주십니다.[30] 피조물은 하나님의 자녀들이 출현하기를 기다리고 있습니다.[31] 그렇기에 교회는 모든 피조물을 위한 하나님의 기쁜 소식을 선포하고 드러내도록 부름 받았습니다. 창조세계 돌봄은 복음과 그리스도의 주되심에 대한 교회의 반응에서 아주 중요하기에 모든 신자들의 제자도와 하나님 백성의 선교에 통합되어야 합니다.

예수 그리스도의 복음은 심판과 구원을 위해서 다시 오실 재림의 약속으로 완성됩니다.[32] 하나님께서는 땅을 파괴하는

---

[28] 요 3:16-17
[29] 창 1:2, 시 104:30, 롬 8:22; 26-27
[30] 고전 12:12-31
[31] 롬 8:19
[32] 눅 1:32-33, 고전 15:20-28, 벧후 3:3-13, 계 19-22장

이들을 멸망시킬 것이며,[33] 죄와 죽음과 악에 대한 그리스도의 승리는 완전히 이뤄질 것이라고 약속하셨습니다. 인간 죄의 결과로 지금 신음하고 있는 모든 피조물들은 의롭다 함을 얻고,[34] 그 부패의 속박에서 해방될 것입니다.[35] 그리스도께서는 만물을 새롭게 하실 것이며,[36] 마침내 하나님의 집이 사람들 가운데 있을 것입니다.[37] 새 창조의 첫 열매인 예수 그리스도의 부활된 육체[38]는 급진적 심판 너머의 연속성과 갱신을 확인하며 그리스도를 통한 만물의 회복을 보증합니다.[39]

처음 창조에서 새 창조에 이르는 하나님의 기쁜 소식인 이 복음은 예수 그리스도의 주되심을 중심으로 하여 우리 희망의 토대가 되며,[40] 우리가 이에 반응할 것을 요청합니다. 우리의 첫 번째 반응은 피조물의 속박과 파괴에 슬퍼하는 것입니다. 우리는 하나님의 백성들이 이기적 개인주의를 갖고 함께 저지르는 사회적이고 경제적 탐욕의 죄와 피조물에 대한 그리스도의 주

---

33 계 11:18
34 Oliver O'Donovan, ***Resurrection and the Moral Order***, (Leicester, IVP), 1986.
35 롬 8:21
36 계 21:5
37 계 21:3
38 고전 15:20
39 고후 5:17-19, 계 21:5
40 벧전 1:3

되심을 개인 경건으로만 제한했던 죄에 대해 메타노이아metanoia 즉 회개와 변혁적 행동으로 돌아섬으로 반응할 것을 요청합니다. 우리는 하나님이 만드신 세계를 위해 열렬히 기도하고 피조물을 존중하고 보살피고 피조물과 조화를 이루며 살라는 하나님의 부르심에 충실히 순종할 것을 다짐합니다. 자메이카 행동 촉구Jamaica Call to Action가 말하듯, 우리는 "기후 위기가 아니더라도 피조물을 돌볼 것입니다."[41] 이는 창조세계 돌봄이 그리스도의 주권에 대한 우리 순종의 중요한 길이기 때문입니다. 우리의 반응은 개인 라이프스타일, 가정, 교회, 지역사회, 일터에서의 변화와 사회와 문화의 변혁을 위한 참여와 생태계 보호와 복원과 지구 생태 문제에 대한 소통 등 실천적 표현이 되어야 합니다. 이하에서는 이런 영역들에서 우리의 헌신이 표현될 수 있는 주요 대응 방안을 제시합니다. 기도하는 마음으로 실천할 것을 촉구합니다.

---

41 https://lausanne.org/statement/creation-care-call-to-action. 1-7

비상 행동으로의 초청
OUR INVITATION TO URGENT ACTION

1. 하나님의 창조세계와의 새로운 관계

우리는 생태계의 위기가 근본적으로 탐욕과 우상 숭배에 뿌리를 둔 영적 위기임을 잘 알고 있습니다. 많은 그리스도인들은 그리스도의 주되심과 복음의 범위에 대한 이해가 아주 부족합니다. 그렇기에 우리는 그리스도에 의해 창조되고[42] 유지되고[43] 구속된[44] 지구와 피조물들의 고유한 가치에 대해서 새로운 이해를 갖기를 촉구합니다. 우리는 모든 곳의 그리스도인들이 지구를 공동의 집으로 인식하고[45] 우리가 속한 생태계를 통한 하나님의 공급하심을 통해서 살아가는 우리의 의존성을 인정하며 하나님의 세계를 공부하고[46] 기뻐할 것을[47] 요청합니다. 우리는 하나님의 형상으로 창조되어 지구와 그 안에 있는 생물들을 겸손하고 종 된 자세로 보살피는 창조 공동체의 리더십 역할을 받

---

[42] 요 1:3
[43] 골 1:17, 시 104:27-30
[44] 골 1:19-20
[45] 찬미받으소서 Laudato Si: 우리 공동의 집을 돌보며. https://www.usccb.org/offices/general-secretariat/laudato-si-care-our-common-home
[46] 마 6:25-34, 왕상 4:29-34
[47] 잠 8:22-31

아들입니다. 우리는 모든 그리스도인이 개인 삶, 교회, 일터, 사회에서 서식지와 생태계를 보호하고 보존하고 복원하는 일에 적극적으로 참여할 것과, 하나님의 영광을 위해 만들어진 피조물과 땅의 번영을 통해 그리스도의 주되심을 선포하고 드러낼 것을 촉구합니다.[48]

2. 라이프스타일

창조세계 돌봄에 대해서 설교하는 것을 그리스도의 제자로서 실제 실천하지 않는다면 우리의 복음 증거는 공허할 것입니다. 예수님의 가르침이 돈을 사랑하고 부를 쌓는 위험성에 대해 분명하게 말하고 있음에도[49] 많은 그리스도인들의 생활 방식은 이 시대 소비주의 문화를 따라가는 사람들과 구별하기 어렵습니다. 우리는 복음주의 심플라이프 헌신An Evangelical Commitment to Simple Lifestyle[50]을 볼 것을 추천하며 모든 곳의 신자들이 물질주의를 회개하고 탐욕에서 돌아서고[51] 자족과 희생의 삶에 헌신할 것을 촉구합니다. 나눔, 안식일의 휴식, 땅과 연결됨은 정의

---

48 롬 1:20
49 마 6:24-34; 19:16-30; 막 12:41-44; 눅 6:20; 24; 12:15; 33-34; 약 5:1-5
50 복음주의 심플라이프 헌신. An Evangelical Commitment to Simple Lifestyle. https://lausanne.org/occasional-paper/lop-20 이 문서는 로잔운동과 세계복음주의연맹(World Evangelical Alliance) 공동 공식 문건이다.
51 눅 12:15

와 평화를 가져다주며, 원근 각처에 도움이 필요한 다른 사람들의 유익을 위해 일함으로[52] 그리스도 안의 충분성sufficiency을 증거하게 됩니다. 특히 에너지 사용, 지속 가능한 여행, 폐기물 및 오염, 식품 및 기타 의류 및 기술 등의 소비재 생산 및 소비에서의 변화된 모습을 촉구합니다. 우리가 상황과 관계없이 예수께서 하셨던 것처럼 단순하고 나눠주며 살아가는 것은 우리 소망의 실천이며, 기쁨에 찬 예배이며, 하나님께 대한 신실한 순종이 됩니다.

3. 교회 및 기독교 단체

지역교회: 교회에서의 창조세계 돌봄은 그리스도의 주되심을 선포하고 보여주고자 하는 열망에서 시작되지만, 현재의 긴급한 생태 위기와 이 영향에 가장 취약한 사람들에 대한 응답에서도 일어나야 합니다. 하나님의 자녀로서 우리의 대응은 세상을 향한 하나님의 마음을 구하는 애통함과 간절한 기도로 시작됩니다. 그리스도의 몸으로서[53] 우리는 또한 설교와 예배, 제자도, 자원과 건물과 땅의 사용, 우리의 선교적 우선 순위에서 창조세계를 돌보도록 부름 받았습니다. 우리는 교회들이 모든 사역과 모든 연령의 교육에서 창조세계 돌봄을 포함할 것을 요청

---

52 잠 22:15, 빌 2:4
53 고전 12:12-31

합니다.⁵⁴

교육과 훈련: 신학교, 성경 대학, 온라인 과정 등의 신학 교육과 양성에서 성경적 창조세계 돌봄 신학과 교회가 사용할 수 있는 실제적 교육내용이 교과 과정 전반에 통합하는 것을 독려합니다. 실제적 사례는 상황에 따라 다를 수 있지만 녹지 공간 개선 및 커뮤니티 정원 조성, 창조세계와 함께 야외 예배 드리기, 어린이와 청소년을 위한 성경 공부 및 커리큘럼, 야생 캠프, 폐기물/소비 감소, 재활용 프로그램, 지역 자연 복원, 기후 정의에 대한 캠페인 활동, 이를 위한 지역 그룹들과의 협력 등이 포함됩니다.

네트워크와 선교: 우리는 창조세계가 "하나님의 구속적 사랑의 대상이며 하나님의 선교에 포함"⁵⁵되기에 하나님 백성의 총체적인 선교 중 하나가 되어야 함을 교회가 인식하고 재정과 기도에서 창조세계 돌봄 실천 행동을 지원할 것을 격려합니다. 우리는 특별히 로잔운동의 모든 모임과 성명서에 창조세계 돌봄 사역을 지상명령 성취의 필수적인 요소로 포함시킬 것을 촉구합니다. 우리가 직면한 위기의 규모를 생각하고 모든 인류가

---

54 에코 처치(Eco Church)는 지역 교회 기반의 프로그램이며(https://ecochurch.arocha.org.uk), 국제 아로샤(A Rocha International)의 리소스 허브도 유용하다 (https://resources.arocha.org).

55 https://lausanne.org/ko/statement/ctcommitment-ko, 1:7

하나님의 형상으로 지음받아 피조물을 돌보게 하신 하나님의 창조 명령을 고려할 때,[56] 전 세계 교회는 교회 밖의 이들과 협력하여 공통점을 찾고 하나님의 지구와 피조물들을 돌보는 데 함께 행동해야 할 것입니다.

4. 일터

창조세계 돌봄은 전인적 제자도에 필수적인 요소이기에 삶의 모든 영역과 일터에 영향을 미칩니다.[57] 우리는 재생 농업, 임업 및 어업, 야생 동물 및 해양 보존, 폐기물 감소 및 관리, 지속 가능한 디자인 및 재생 에너지를 포함하여, 땅, 공기 및 물을 보호하고 복원함으로 지구를 보호함이 하나님이 인간들에게 주신 소명임을 확인합니다. 또한 우리는 비즈니스, 창업, 교육, 예술, 디자인 및 건설, 정치, 과학, 기술, 금융 분야 등 모든 일터에 있는 이들이 하나님이 주신 재능을 통하여 절제된 자원 사용, 재활용에 대한 노력, 순환 경제를 추구함으로서[58] 지구와 그 안의 모든 것이 주님의 것임을 증거할 것을 촉구합니다.[59] 우리는 비

---

56 창 1:26-28; 2:15

57 골 3:17

58 *Virtuous Circle* 선순환 구조. Tearfund/ Institute for Development Studies 출간. https://learn.tearfund.org/en/resources/policy-reports/virtuous-circle

59 시 24:1

즈니스 미션Business As Mission과 일터 사역 분야가 창조세계 돌봄 사역과의 통합하려는 협력을 통해서 재정적 이익보다 사람들과 땅의 안녕을 먼저 구할 것을 요청합니다.[60]

5. 커뮤니티

하나님께서는 우리를 각각 특정한 장소에 두시고[61] 우리가 거하는 도시와 지역사회와 생태계에서 축복이 되게 하십니다.[62] 누룩, 소금, 빛으로 묘사되는 하나님 나라는[63] 우리가 있는 바로 그 자리에 변혁을 가져오는 현존을 의미합니다. 우리는 각각 뿌리 내린 곳에 있는 사람들과 피조물이 형성하는 커뮤니티를 잘 알고, 사랑하고, 그 안에서 일하고, 그들을 위해 기도하도록 부름 받았습니다. 이는 정원 가꾸기와 먹을 것 재배, 지역 야생동물 관찰 및 학습, 야생동물 돌봄과 지속 가능한 지역 회복을 실천하는 운동 조직들과의 협력 등의 실제적인 실천을 의미합니다. 또한 이는 시민 사회에 대한 그리스도인의 참여, 학교, 지역사회 단체 및 지역 정치에서 다양한 배경을 가진 사람들과 함께 봉사하는 것을 의미하며, '하늘에서와 같이 땅에서도'[64] 하나님

---

60 렘 29:7; 11
61 행 17:26
62 렘 29:5-7
63 마 5:13-16; 13:33

나라의 비전을 계속 추구하는 것을 뜻합니다.

6. 사회

하나님 나라에 대한 비전은 지역적 차원을 넘어 더 큰 지방, 국가적, 세계적 차원으로 확장됩니다. 그리스도인으로서 우리는 가까이 있는 이웃과 전 세계의 사람들, 특히 소외되고 취약한 사람들을 사랑하고 존중하며 섬기는 것으로 알려져야 합니다.[65] 또한 정의를 위해 목소리를 높이고 행동하며[66] 자연의 번성을 실제로 보여주어야 합니다.[67] "하나님의 창조 질서 안에서 거주민과 거주지는 불가분의 관계로 연결되어 있기"[68] 때문에 그리스도인들은 도시와 동네와 마을의 디자인에 참여할 수 있어야 합니다. 우리는 인간의 안녕과 창조세계의 번영이 동시에 가능한 도시 적합성the suitability of cities에 대한 하나님의 관심을 공유합니다.[69] 우리는 자연의 본질적 가치를 인정하고 생태계에서의 역할을 보존하며, 자연 세계를 오염시키고 파괴하는 이들을 벌하

---

64 마 6:9-13
65 잠 31:8-9, 마 12:30-31, 눅 10:25-37
66 미 6:6-8, 암 5:21-24
67 막 16:15
68 복음과 도시의 미래 https://wea-sc.org/wp-content/uploads/2024/04/The-Gospel-Future-of-Cities-Web-Version.pdf
69 렘 29:7

고 하나님의 창조세계를 복원하고자 노력하는 이들에게 인센티브를 주고 보호하는 구조적인 변혁 즉 경제 정책과 시스템에서의 변화를 모색해야만 합니다. 우리는 시민과 주민으로서 자연계의 번영을 추구함을 주요목표로 정책 입안자들에게 영향을 줘야 합니다

7. 글로벌 생태 문제

2012년 자메이카 행동 촉구에서 인정한 바와 같이, "우리는 긴급하고 절박하며 우리 세대에 반드시 해결해야 하는 위기 가운데 있습니다."[70] 그러나, 이후 그리스도인들과 사회 전반의 대응은 매우 부적절했고, 위기는 빠르게 악화되었습니다. 우리는 교회와 공동체 안에서 이에 대해 말하고, 기도하고, 행동해야 합니다.[71] 우리는 이미 미래 세대의 번영에 꼭 필요한 지구의 최대 한계선Planetary Boundaries들을 대부분 위반하고 있습니다.[72] 전 세계 모든 지역은 기후 변화와 극단적인 기후 현상, 생물다양성 손실, 토양 침식, 수자원 고갈 및 오염의 영향을 경험하고 있으며, 농

---

[70] 자메이카 행동 촉구 https://lausanne.org/statement/creation-care-call-to-action, 로잔/ WEA 창조세계돌봄 네트워크.

[71] 캐서린 헤이호 박사의 TED 강연(https://www.youtube.com/watch?v=-BvcToPZCLI)과 기후위기 해결책에 대한 기사(https://polarbearsinternational.org/news-media/articles/climate-solutions-scientist-katharine-hayhoe)가 유용하다.

[72] https://www.stockholmresilience.org/research/planetary-boundaries.html

업, 어업, 난민, 인간의 신체적, 정신적 건강에 영향을 미치고 있습니다. 이런 영향은 가장 가난한 지역 사회에 가장 심각하기에, 큰 불의의 위기이기도 합니다. 또한 환경 착취로 부富를 쌓은 국가들은 그 영향들을 완화할 여력이 있는 반면, 이런 문제에 가장 적게 기여한 나라들은 가장 가혹한 영향을 받게 됩니다.

그러므로, 우리는 하나님과 이웃과 하나님의 세계에 대한 사랑으로, 화석연료에서 재생 가능 에너지로의 신속하고 공정한 전환과 생태 위기 완화와 적응을 위해서 필요한 기후 재원을 모을 것을 촉구하고 이를 위해서 헌신합니다. 우리는 기후 및 생물다양성 위기 뿐 아니라, 이와 얽혀 있는 글로벌적 불공정을 동시에 다루려는 자연 기반 솔루션 nature-based solutions을 지지합니다. 자연 파괴로 인해서 최악의 고통을 받는 사람들, 즉 소외된 공동체, 토착민, 자연에 생계를 의존하는 사람들의 목소리가 논의와 해결책의 중심에 서는 것은 성경적 정의라는 관점에서 중요합니다. 우리는 이 문제들에 대해 그리스도인들과 모든 이웃들 사이에 대화와 공동 행동을 촉구하며, 우리가 함께 직면한 위기를 긴급히 다루는데 필요한 자원의 나눔과 기술 사용 등 앞으로 나아갈 수 있는 실천 방법들을 지지합니다.

초청

"하나님께서는 우리가 창조주에 대한 우리의 사랑을 피조물을 돌보는데 반영하도록 의도하셨습니다."[73] 다시 말하면, 우리가 피조물과 함께 살아가는 방식이 우리가 하나님과 함께 살아가는 방식을 보여줍니다. 우리는 성령님께서 우리의 눈을 여셔서, 하나님의 말씀인 성경에서 창조에 대한 하나님의 선한 목적을 발견하고 하나님의 세계인 피조물의 신음소리를 듣게 되길 간구합니다. 우리는 모든 나라의 마을과 동네와 도시에서 그곳의 부자들과 가난한 이들 가운데 존재하는 전 세계 교회가, 온 땅을 향한 하나님의 기쁜 소식을 선포하고, 창조세계와의 관계를 재발견하며, 기도하는 마음으로 행동에 나서도록 초대합니다. 우리는 새 창조의 첫 열매로 부활하신 예수 그리스도에 근거하여 하나님의 지구에 대한 우리의 성경적 소망을 확인합니다. 창조세계는 하나님의 영광을 선포하고 드러냅니다. 우리도 예수님이 전 지구의 주인이심을 증거하는 이 연대에 기쁜 마음으로 동참합니다.

---

[73] *The Care of Creation*(ed. R.J. Berry, Leicester: IVP, 2000)에 담긴 존 스토트의 서문에서

기독교 창조세계 돌봄 기관

1. 로잔 창조세계 돌봄 이슈 그룹 Lausanne Creation Care Issue Group

로잔운동 내 28개 이슈 네트워크 가운데 하나로, '창조세계 돌봄'을 "첫 번째 임무이자 가장 커다란 도전"으로 설명하고 있습니다. 홈페이지에서 다양한 소식과 자료, 그리고 국제협력을 위한 모임 등에 관한 정보를 얻을 수 있습니다. 2010년 케이프타운 선언문에 창조세계 돌봄이 복음의 영역으로 확정되어 발표된 후 2012년 자메이카에서 모여 '자메이카 행동 촉구'를 발표했으며, 이는 케이프타운 서약의 창조세계 돌봄을 위한 행동 지침입니다. 2024년 제4차 로잔대회 직후 '창조세계 돌봄 국제포럼'을 개최하고 두 번째 선언문인 '온 지구를 위한 복음'을 발표했습니다.

— lausanne.org/network/creation-care

2. LWCCN Lausanne/World Evangelical Alliance Creation Care Network

로잔운동과 세계복음연맹이 함께 운영하는 국제적인 기독교 환경 네트워크입니다. 전 세계 복음주의 그리스도인들이 창조세계를 돌보는 사명을 함께 실천하도록 연결하고 협력합니다. 각 지역의 환경 문제에 맞는 창조세계 돌봄 활동과 리더십 훈련을 지원합니다. 신앙, 과학, 환경 정의를 통합한 자료와 네트워킹 기회를 제공합니다. 이 네트워크는 2012년 로잔의 자매대회 중 하나로 시작되었습니다.

— lwccn.com

3. 아로샤 A Rocha

전 세계적으로 활동하는 기독교 환경 보호 단체로, '하나님의 창조세계를 돌본다'라는 신앙적 사명을 가지고 있습니다. 1983년 포르투갈에서 시작되어 현재 여러 나라에서 보전, 연구, 교육 활동을 펼치고 있습니다. 생물다양성 보전, 지역 생태계 보호, 지속 가능한 삶의 실천을 중심으로 합니다. 교회와 지역 사회가 함께 창조세계를 지키도록 돕는 것이 핵심 목표입니다. '로샤 Rocha'는 포르투갈어로 '바위'를 뜻합니다.

— arocha.org/en

4. 창조세계의 돌봄 Care of Creation
전 세계 기독교인들에게 창조세계를 돌보는 책임을 강조하는 국제 환경 선교 단체입니다. 창조 보전, 교육, 훈련을 통해 신앙과 생태 책임을 연결하는 사역을 펼칩니다. 특히 개발도상국에서 지역 교회와 협력하여 지속 가능한 삶과 환경 보호를 실천합니다. 창조세계 돌봄이라는 신학적 개념을 널리 알리는 데 기여하고 있습니다. 이들은 하나님 사랑, 이웃 사랑, 피조물 사랑을 통합하는 삶을 추구합니다.
— www.careofcreation.net

5. 창조정의사역회 Creation Justice Ministries
하나님의 창조세계를 보호하고 정의롭게 가꾸기 위한 미국의 기독교 연합 단체입니다. 다양한 교단과 협력하여 생태 정의, 기후 위기 대응, 환경 교육 등을 실천하고 있습니다. 신앙을 바탕으로 환경 문제에 대한 정책 제안과 행동 촉구 활동도 활발히 펼칩니다. 교회와 지역 공동체가 창조세계를 돌보는 사명을 감당할 수 있도록 자료와 프로그램을 제공합니다.
— www.creationjustice.org

6. 미가선교회 Micah Global
전 세계 기독교인들이 참여하는 국제적인 네트워크로, 복음적 사명을 실천하며 구호, 개발, 창조세계 돌봄 활동을 펼칩니다. 1999년에 설립되어, 정의와 인애, 겸손을 강조하는 미가 6장 8절의 가치를 중심으로 활동하고 있습니다. 이 네트워크는 지역 사회와 협력하여 지속 가능한 세상 만들기를 목표로 합니다. 회원들은 서로 연대하고 협력하여 다양한 환경 및 사회적 이슈에 대응하는 프로젝트를 진행합니다. 미가선교회는 기독교 공동체가 정의와 변화를 실천할 수 있도록 지원하는 플랫폼을 제공합니다.
— micahglobal.org

7. 티어펀드 Tearfund

기독교 기반의 국제 구호 및 개발 단체로, 가난과 불평등을 해결하고 지속 가능한 변화를 이루기 위해 활동합니다. 1968년에 설립되어, 전 세계에서 지역 사회와 협력하여 교육, 건강, 경제적 기회를 제공합니다. 이 단체는 특히 기후 변화와 환경 문제에 대응하는 프로젝트를 통해 지속 가능한 발전을 추구합니다. 티어펀드는 기독교적인 신앙에 기반하여 정의, 평화, 환경 보호를 촉진합니다. 또한, 전 세계적으로 후원자와 파트너와 협력하여 변화를 일으키는 다양한 프로그램을 운영합니다.

— www.tearfund.org

8. 기독교환경운동연대(기환연)

1982년 '한국공해문제연구소'로 시작하여 1997년부터 '기독교환경운동연대'라는 이름으로 활동을 이어온 기독교 기반의 환경운동 단체입니다. 이 단체는 기독교 신앙을 바탕으로 창조세계 보전과 생태 정의 실현을 위한 다양한 활동을 전개하고 있습니다. 주요 사업으로는 '녹색교회' 운동, '생명밥상' 캠페인, '탈핵주일' 연합예배 등이 있으며, 교회와 지역 사회의 환경 문제 해결을 위한 교육과 연구도 진행하고 있습니다. 또한, 몽골의 사막화 방지를 위한 '은총의 숲' 조성 사업을 통해 국제적인 환경 선교에도 참여하고 있습니다.

— greenchrist.org

9. 기독교환경교육센터 살림

살림은 기독교 신앙을 바탕으로 창조세계의 회복과 보전에 기여하고자 하는 다양한 활동을 통해 지역 사회와 협력하고 있습니다. 교회와 지역 사회를 대상으로 환경 교육 프로그램을 운영하며, 생태적 삶의 방식을 실천하도록 돕고 있습니다. 또한, 지속 가능한 농업과 생태적 공동체 형성을 위한 다양한 프로젝트를 진행하고 있습니다. 주요프로그램으로 탄소중립기후교회 캠페인, 사순절 탄소금식, 환경선교사 교육과정 등을 운영하고 있습니다. 2024년 '창조세계 돌봄 국제포럼'의 협력기관으로도 함께했습니다.

— www.eco-christ.com

10. 기후위기기독인연대

기후 위기 문제에 대한 기독교적 대응을 위해 다양한 교단과 신앙 공동체가 연대하여 활동하는 단체로 2022년부터 활동을 시작했습니다. 이 연대는 창조세계의 보전과 생태 정의 실현을 기독교 신앙의 핵심 사명으로 삼고, 정책 제안, 캠페인, 교육 등을 통해 환경 문제 해결에 기여하고 있습니다. 또한, 기후 위기 대응을 위한 기도회와 예배를 통해 신앙 공동체의 연대와 실천을 촉진하고 있습니다. 찾아가는 기후학교, 기후정의학교 등의 프로그램을 활발히 운영하고 있습니다.

— climate-christians.campaignus.me

창조세계를 돌보는 친구들 (가나다 순)

🌿 포럼에서 만난 저의 '존귀한' 친구들을 소개합니다. 이들은 헌신적으로 포럼과 참여자들을 섬겼습니다. 또한, 포럼에서 우리가 만난 말씀과 삶의 이야기를 한국의 또 다른 존귀한 성도들에게 전하기 위해 이 책을 발간하는 데도 지원과 기도를 아끼지 않았습니다.

데이브 부클리스 Dave Bookless

인도에서 선교사의 자녀로 태어났으며, 아내 앤Anne과 함께 1991년부터 다종교 문화가 공존하는 런던 사우솔 지역에 거주하며 네 딸을 키웠습니다. 또한 성공회 안수 목사로서, 30년 넘게 사우솔 지역 교회에서 사역해 왔습니다. 케임브리지 대학교에서 '성경적 관점에서의 야생동물 보전'을 주제로 박사 학위를 받았으며, 전 세계 대학, 신학교, 컨퍼런스, 교회 등에서 활발히 강의하고 있습니다. 아로샤인터내셔널의 신학 디렉터 Head of Theology이며, 로잔운동에서는 '창조세계 돌봄' 분야의 글로벌 촉진자Catalyst로 섬기면서 로잔/세계복음연맹WEA의 창조세계 돌봄 네트워크LWCCN를 공동으로 이끌고 있습니다.

로라-리 러버링 Laura-Lee Lovering

영국 시골에서 숲에 매료되어 자랐고, 대학에서도 식물학을 전공했습니다. 이후 지질학과 환경오염 분야에서 석사 과정을 마쳤고, 오염된 토지에 대한 컨설팅 업무를 시작했습니다. 2012년에는 BMS 월드미션Baptist Missionary Society World Mission에 합류해 '환경 선교사Environmental Mission Worker'로 페루 아마존 지역으로 파송 받았고, 현지 목회자들과 통전적 선교와 사회-환경 프로젝트를 함께하고 있습니다. 2021년부터는 BMS에서 '창조 돌봄 코디네이터Creation Stewardship Coordinator'로 섬기며, 전 세계 침례교 네트워크 내에서 창조세계 돌봄 교육과 프로젝트를 진행하고 있습니다.

루스 파디야 드보스트 Ruth Padilla DeBorst

남편 제임스James와 함께 코스타리카에 있는 '카사 아도베'라는 공동체에서 살고 있습니다. 한 남편의 아내이자 많은 자녀의 어머니로, 또한 신학자이자 선교학자, 교육자, 스토리텔러로서, 라틴 아메리카에서 수십 년간 통전적 선교를 위한 리더십 개발과 신학 교육에 힘써 왔습니다. 지금은 웨스턴 신학교Western Theological Seminary에서 가르치고 있으며, 라틴 아메리카 전역의 학생들과 함께하는 신학 교육 공동체인 CETIComunidad de Estudios Teológicos Interdisciplinarios에서도 사역하고 있습니다. 옥스퍼드 선교학 연구소Oxford Centre for Mission Studies와 미국 선교학회American Society of Missiology의 이사로도 활동 중입니다.

마르쿠스 소바르소 부스타만테 Marcus Sobarzo Bustamante

2007년부터 아내 마르셀라Marcela와 함께 칠레에서 작은 복음주의 교회를 섬기고 있으며, 칠레 콘셉시온대학교 해양학과 교수로 재직 중입니다. 주요 연구 분야는 연안 해양 지역의 물리적 과정과 그것이 해양 생태계에 미치는 영향에 관한 것입니다. 하나님의 창조세계와 복음서에 계시된 하나님의 말씀이라는 두 세계를 통합하는 데 관심이 많으며, 이를 위해 과학의 발전과 성경 원어의 해석을 아우르는 창조 신학을 발전시키는 데 기여하고 싶습니다.

마리아 알레한드라 안드라데 비누에사

María Alejandra Andrade Vinueza

에콰도르에서 태어났으며, 지금도 에콰도르 라메르세드La Merced에서 남편 프랑크Frank와 자녀인 호세José와 마티Mati와 함께 살고 있습니다. 국제 기독교 구호단체인 티어펀드Tearfund에서 신학 및 전략적 파트너십Global Lead for Theology and Strategic Partnerships 총괄 책임자로 사역하고 있습니다. 전 세계 여러 지역의 교회들과 함께하며, 교회가 지역 공동체 속에서 '좋은 소식'이 되도록 돕는 사역을 해왔습니다. 그 여정 가운데 지역 사회 변화, 성평등 정의, 이주민 문제, 환경 보호, 아동 권리 옹호, 평화 구축 등 다양한 분야에 참여해 왔습니다.

베니타 시몬 Benita Simón

원주민인 카치켈 마야Kaqchikel Mayan 여성으로, 남편 제이슨Jeison과 아기 아왈야Awalya'와 함께 과테말라의 코말라파Comalapa 마을에 살면서, 환경 복원과 청년 사역에 헌신하고 있습니다. 지역 활동인 '루호타이Rujotay'를 이끌고 있으며, 지역 상황에 맞춘 환경 교육, 공동 퇴비화, 지역 사회 옹호 활동, 대안적 가족 농업을 촉진하는 일을 하고 있습니다. 또한 로잔운동의 '창조세계 돌봄' 분야의 촉진자로도 함께하고 있습니다.

세스 아피야-쿠비 Seth Appiah-Kubi

아로샤 가나 지부A Rocha Ghana에서 국가 이사로 함께하고 있습니다. 자연 자원의 보존과 안전성에 많은 경험과 열정이 있으며, 특히 해당 자원에 의존하는 지역 사회의 안전을 보장하는 데 힘쓰고 있습니다. 약 15년간 보존 활동에 참여했으며, 아로샤 가나 지부에서 사용하는 보존 모델을 개발하는 데 중요한 역할을 했습니다. 이 모델은 지역 사회 기반 보존, 보존 교육, 보존 연구를 포함하고 있습니다. 또한, 재무학 박사 학위와 공인 회계사 자격을 활용하여 환경, 생물다양성, 자원 관리와 관련한 다양한 절차를 다루는 국내·국제 보존 위원회와 포럼에 참여하고 있습니다.

에드가 폴라드 Edgar Pollard

솔로몬제도에서 생태학자이자 환경 보호 활동가로서, 창조세계 돌봄과 환경 청지기 정신에 헌신하고 있습니다. 말라이타Malaita 섬의 양서·파충류와 문화적 가치에 대해 광범위한 연구를 수행하여, 보존 우선 지역으로 지정해야 하는 숲을 식별해 왔습니다. 또한, 말라리아 퇴치를 위한 프로젝트에도 깊이 관여해 왔으며, 환경과 공동체의 건강을 아우르는 통합적 접근 방식을 실천하고 있습니다. 2017년에 비영리 단체 '마이-마아시나 그린벨트Mai-Maasina Green Belt, MMGB'를 설립하여, 말라이타섬 전역의 보전가들과 지역 공동체를 연결하여 환경 문제에 공동 대응할 수 있는 기반을 다졌습니다. 이후 MMGB는 종합적인 보전 전략과 정책을 개발했고, 지역 공동체의 토지를 더욱 효과적으로 보호하고 관리하는 역량을 크게 강화했습니다.

유권신 Kwon-shin Yu

총신대학교 입학허가를 받은 후 하나님께 어떤 목회자가 되기를 원하시는지 여쭈었고, 장애인을 위한 목회자로 부르심을 받았습니다. 1989년 총신대학교에 입학하면서 밀알선교단에 헌신하게 되었고, 이후 35년 동안 장애인 사역에 전념해 왔습니다. 분당중앙교회, 수원제일교회, 분당우리교회, 오륜교회 등에서 장애인 주일학교, 사회복지 사역, 선교국 사역을 맡아 왔습니다. 2018년부터 밀알복지재단으로 자리를 옮겨 현재까지 교회 협력 사역을 담당하고 있습니다.

창조세계를 돌보는 친구들

캐롤라인 포머로이 Caroline Pomeroy

기후청지기들 Climate Stewards에서 이사로 일하면서, 개인, 교회, 기관들이 탄소 배출량을 측정하고, 줄이고, 상쇄할 수 있도록 조언하며, 온라인 도구를 제공하고 있습니다. 또한, 사람들이 기후 변화, 탄소 리터러시, 창조 관리를 더 잘 이해할 수 있도록 돕고 있습니다. 기후 변화의 영향과 지속 가능성 분야에서 석사 학위를 받았으며, 공인 측량사로 활동했습니다. 남편 헨리 Henry와 함께 아프리카 가나와 르완다에서 티어펀드 Tearfund를 비롯해 여러 비영리단체가 함께했던 지역 사회와 환경 관련 프로젝트에 참여하기도 했습니다. 최근에는 잉글랜드 서부의 바스와 웰스 Bath and Wells 교구에서 환경 고문으로 활동했습니다.

캐서린 헤이호 Katharine Hayhoe

대기 과학자로서 기후 변화를 연구하는 동시에, 과학자들과 기독교인들을 연결하는 다리 역할을 하기 위해 애쓰고 있습니다. 〈크리스채너티 투데이〉 Christianity Today에서 선정한 '주목할 50인의 여성'에 선정되었으며, 유엔에서는 '지구의 챔피언 Champion of the Earth'이라는 영예로운 칭호를 받았습니다. 현재는 세계복음연맹 World Evangelical Alliance의 기후 대사 Climate Ambassador로 활동하고 있으며, '기후 행동을 위한 젊은 복음주의자들 Young Evangelicals for Climate Action'부터 '패러데이 과학과 종교 연구소 Faraday Institute for Science and Religion'까지 다양한 단체의 과학 자문을 맡고 있습니다. 현재 텍사스텍대학교 Texas Tech University에서 석좌 교수로 재직 중입니다.

토니 리나우도 Tony Rinaudo

오스트레일리아 출신의 농업 전문가이자 선교사입니다. 1981년부터 니제르 공화국에서 수단 내지 선교회 Sudan Interior Mission, 현재 SIM 소속으로 '마라디 통합 개발 프로젝트 Maradi Integrated Development Project'에 참여하며 경력을 시작했습니다. 1999년까지 니제르에서 장기 농촌 개발과 대규모 구호 프로그램을 총괄했습니다. 이때 획기적인 농업 기법인 '농민주도 산림복원 FMNR, Farmer Managed Natural Regeneration'*을 개발했습니다. 1999년부터는 월드비전 오스트레일리아 World Vision Australia에 합류하여 현재까지 '기후행동 수석자문 Principal

Climate Action Advisor'으로 활동하고 있습니다.

- '농민주도 산림복원'은 땅 밑에 살아 있는 나무뿌리에서 올라오는 새순을 관리하고 가지치기해서 황폐화한 땅을 숲으로 되살리는 기술입니다. 이 기술로 니제르에서는 600만 헥타르 이상의 땅이 복원되고 2억 4,000만 그루 이상의 나무가 심어졌습니다. 이 성공은 아프리카 24개국 이상에서 녹화 운동을 촉진하는 계기가 되었습니다. 이와 같은 혁신적인 토지 복원 방식은 전 세계 취약 지역의 식량 안보, 환경 지속 가능성, 생계 개선에 지대한 영향을 끼치고 있습니다.

한정민 Jung-min Han

항공학을 전공하고 평범한 직장생활을 시작했지만, 무학교회에서 국제예배 총무로 봉사하던 중(1999-2003) 선교사로 부르심을 받았습니다. 캄보디아에서 사역하던 중에 아내 서윤정 선교사를 만났고 2004년 12월부터 현재까지 21년째 캄보디아에서 현지인들과 함께 고엘공동체Goel Community를 세우고 섬겨 왔습니다. 지금은 인터서브의 캄보디아 지역 리더로도 일하고 있습니다. 2026년 철수를 목표로 현지인 리더들에게 사역과 사업을 이양 중이며 이후 하나님이 열어주실 선교 2막을 기대하고 있습니다.

호카베드 솔라노 미세리스 Jocabed Solano Miselis

파나마의 구나두레Guandule 원주민이며, 현재 라틴 아메리카 원주민 기독교 공동체의 역사와 신앙을 기록하고 보존하는 메모리아 인디헤나Memoria Indígena의 이사로 활동하고 있고, 나이이츠NAIITS: An Indigenous Learning Community에서 박사 과정을 밟고 있습니다. 기후 변화에 대한 세계 원주민 의회Global Indigenous caucus에 속해서 원주민 공동체의 협상자 역할도 맡고 있습니다. 또한 기후 정의 위원회에서 위원으로 활동하며, 생물다양성 그룹Biodiversity Group과 원주민 공동체 협의 그룹Reference Group for Indigenous Communities의 일원으로 세계 교회 협의회Global Council of Churches에서 활동하고 있습니다.

훌리아나 모리요 Juliana Morillo

콜롬비아 출신으로, 남편 이안Ian과 두 아들과 함께 콜롬비아 보고타Bogotá에 거주하고 있습니다. 남미 전역에서 정부 및 비정부 부문에서 일해 왔으며, 월드비전에서도 근무한 바 있습니다. 콜롬비아에서는 재난 관리와 예방, 폭력을 피해 고향을 떠난 사람들의 필요를 채우는 일, 환경 교육 등에 참여해 왔습니다. 최근에는 아르헨티나와 페루에서 '라틴링크Latin Link'*와 함께 사역하고 있습니다.

- '라틴 링크'는 라틴 아메리카와 그 외 지역에서 기독교 선교와 사회 사역을 수행하는 국제 선교 단체입니다. 1980년대 중반에 설립되었으며, 주로 젊은 세대와 지역 사회를 대상으로 지속 가능한 발전과 복음 선교를 장려하는 다양한 프로그램을 운영하고 있습니다.

🌱 이들 외에도 전 세계에서 온 100여 명의 성도들이 창조 세계를 돌보는 청지기 이야기를 들려주었습니다. 그중에는 한국 친구들도 있습니다. 특히 밀알복지재단, 온누리교회 생명환경팀, 인터서브코리아의 존귀한 성도들은 한국 기독교계에 창조세계 돌봄이 더욱 확산하도록 포럼 진행과 이 책의 출간을 위해 지원과 기도로 섬겨 주었습니다. 주님이 존귀하다고 칭하시는 모든 이들에게 사랑과 감사드립니다.

추신

🎤 **김형국**

제자의 청력

바울은 보통 사람들과는 다른 청력을 가지고 있었나 봅니다. 창조세계가 탄식하는 소리(로마서 8:22)를 듣고 있듯이 말하니 말이죠. 그뿐만 아니라 동료 그리스도인들의 탄식도 듣고 있다고 하는데(로마서 8:23), 이 점은 우리도 조금 이해할 수 있습니다. 동료 그리스도인들이 깨진 세상에서 여러 어려움을 겪으면서 내는 신음을 우리도 듣고 있기 때문입니다. 허나 그 소리 역시 영적으로 성장해서 자기 안위만 돌아보는 단계를 벗어나야 들을 수 있습니다. 그런데 바울은 대체 얼마나 성숙했길래 모든 피조물의 탄식을 들을 수 있었을까요? 그것도 오늘날처럼 기후 위기가 전 세계적 의제로 떠오르지 않은 이천 년 전에 말입니다. 바울의 비결을 추측하자면, 바로 이어서 등장하는 성령님의 탄식을 듣는(로마서 8:26) '영적 청력' 덕분이 아닐까 싶습니다.

오늘날 기후 문제, 환경 재앙 가까운 현실에 아예 무관심한 사람은 없을 것 같은데요. 하지만 자기 문제, 우리 후손의 문제로 받아들이고 행동하거나 삶의 방식까지 바꾸는 사람은 찾기 힘듭니다. 그리스도인은 우리가 살고 있는 지구가 하나님 작품이며, 하나님이 그 안에 존재하는 다양한 생명체를 창조하셨고 지금도 돌보시는 분이라는 사실을 믿습니다. 그러나 그 믿음이 행동으로 이어지지 않는 이유는 무엇일까요? 영성이 고양되지 않았기 때문입니다. 다시 말해, 하나님의 마음에 가까이 나아가, 그 마음 한 조각이라도 품지 못하기 때문입니다.

　　2024 제4차 로잔대회가 끝나고 열린 포럼을 옮긴 이 책은 창조세계의 탄식에 귀 기울이는 복음주의자들의 응답입니다. 제4차 로잔대회가 남긴 업적 중에서 어쩌면 가장 소중한 유산으로 훗날 기억될지도 모릅니다. 그러나 이런 논의를 한다고 해서, 이런 지식을 습득한다고 해서, 그래서 "큰 일이야, 큰 일이야"라고 말한다 해도, 우리 삶은 조금도 바뀌지 않을 수 있습니다. 이 일을 품고 하나님 앞에 나아가지 않는다면 말입니다. 결국은 이런 주제에 비상한 관심을 보이는 소수만이 하나님의 거대한 창조세계를 돌보자며 외롭게 외치고 맙니다.

　　그러므로 혹시 이 추신까지 책의 정보를 취합하면서 읽어 재끼는 독자가 있다면, 다시 처음으로 돌아가 이 책의 내용을 마음에 담고 창조세계를 지으신 분 앞으로 나아갑시다. 만약 '여는 글'과 '닫는 글'을 먼저 읽는 독서 습관으로 지금 여기 있다면, 이 책을 혼자 시작하지 말고, 그리스도인 공동체와 함께 읽기를 권합니다. 하나님 앞에 나아가 만물의 신음을 듣고 계신 그분을 다 같이 예배합시다.

　　그러면 몸살 정도가 아니라 난치병을 앓고 있는 지구가 내는 신음과 온갖 생명체의 탄식이 들리고, 함께 탄식하시는 성령님의 소리가 들릴지 모릅니다. 하나님의 마음을 가지면, 어찌 우리 삶이 변하지 않겠습니까? 하나님의 작품이 좀 더 오래 보존되고, 더 나아가 "새 하늘과 새 땅"을 맞이할 수 있는 모습으로 회복될지 모릅니다. 이 책에 글과 대담으로 창조주 하나님을 예배한 모든 참여자에게 경의를 표하며….

(재)한빛누리 이사장, 하나복DNA네트워크 대표

• 이 책의 표지와 면지는 재생펄프를 30퍼센트 함유한 인스퍼 에코($222g/m^2$, $122g/m^2$)를, 내지는 FSC 인증을 받은 미색모조($100g/m^2$)를 사용하였으며, 콩기름 인쇄로 제작했습니다. 서체는 아모레퍼시픽의 아리따글꼴 등을 사용하여 디자인했습니다.

옮긴이 노종문은 한국과학기술원(KAIST)을 졸업하고 장로회신학대학교 신학대학원(M.Div.)과 예일 대학교 신학대학원(S.T.M.)에서 공부했으며, IVP 출판사 대표와 편집장으로 일했다. 현재 기독교윤리실천운동이 발행하는 웹진 「좋은 나무」의 편집 주간으로 일하고 있다. 저서로 『하나님 나라 복음과 제자도』(IVP)가 있으며, 옮긴 책으로는 『히브리 성서를 열다』 『하나님 나라의 스캔들』 『변증이란 무엇인가』 『세상 권세와 하나님의 교회』(복 있는사람), 『요한계시록, 오늘을 위한 미래』 『악의 문제와 하나님의 정의』 『스타벅스 세대를 위한 전도』 『영성 지도와 상담』(IVP) 등이 있다.

지구의 편지

초판 발행 2025년 6월 5일

엮은이 한빛누리 생태회복팀
옮긴이 노종문
펴낸이 정모세

편집 이성민 이혜영 심혜인 설요한 박예찬
디자인 한현아 서린나 | 마케팅 오인표 | 영업·제작 정성운 이은주 조수영
경영지원 이혜선 이은희 | 물류 박세율 정용탁 김대훈

펴낸곳 한국기독학생회출판부 | 등록번호 제2001-000198호(1978.6.1)
주소 04031 서울시 마포구 동교로 156-10
대표 전화 (02) 337-2257 | 팩스 (02) 337-2258
영업 전화 (02) 338-2282 | 팩스 080-915-1515
홈페이지 http://www.ivp.co.kr | 이메일 ivp@ivp.co.kr
ISBN 978-89-328-2351-5

ⓒ Global Creation Care Forum, 2025

책값은 뒤표지에 있습니다.
무단 전재와 복제를 금합니다.